学校変革の決め手

学校のチーム化を目指すミドルリーダー20の行動様式

福岡県教育センター 編

ぎょうせい

20の球体は
様々な個性と
資質能力をもった教職員であり
彼らがチームとなり
同じ目標を目指す

20の球体は
学校経営感覚に基づく
行動様式であり
それらを学び，発揮し
学校のチーム化を目指すのが
ミドルリーダー

そんな「ミドルリーダー」のイメージを
表紙のイラストに込めて……

はじめに

　福岡県教育センターが平成24・25年度に行った学校経営に関する調査研究では，校長のリーダーシップ・マネジメントが教職員のモチベーションや職務遂行状況に効果を表していることを検証しました。また，この調査研究の中で，管理職と教職員との間に存在するミドルリーダーによるマネジメントも教職員のモチベーションや職務遂行状況に大きな影響を与えていることが分かりました。これらのことから，管理職（トップリーダー）だけがリーダーシップやマネジメントを発揮しても，ミドルリーダーの役割と機能がなければ学校経営が円滑に進むことが困難であることが明らかになったのです。

　現在，福岡県では，多くの教職員が退職・採用される時期を迎え，長年にわたり教育活動に取り組んできた経験豊かな教職員の知識や能力等を校内組織の中で効果的に活用するとともに，教職経験の少ない教職員の職能を高めていくことが必要になっています。さらには，学校の直面する課題が多様化，複雑化する中で，新たな教育方法を学び合う環境づくりを行い，各学校が掲げる教育目標の実現に向けて，校長のリーダーシップの下，教職員が一丸となって自主的・自律的な学校運営を推進することが重要になっています。こうした中，管理職・経験豊かな教職員・経験の少ない教職員との間をつなぎ，学校を組織的に運営していくために大きな役割を果たすミドルリーダーの存在がますます重要になってきており，その育成が急務となっています。

　そこで，福岡県教育センターは，平成26年度から「学校のチーム化」を目指すミドルリーダーの役割と機能に焦点を当てた調査研究に着手しました。優れたミドルリーダーがどのような行動をしているかアクション・リサーチを通して分析し，共通の目的をもった教職員の相互作用による新たな教育活動の創造が学校のチーム化につながることを明らかにしました。そして，ミドルリーダーに求められるリーダー，マネージャー，メンター的な機能を整理して「２０の行動様式」として提言しています。

　本研究が，多くのミドルリーダーに活用され，ミドル・アップダウン・マネジメントの最適化によって，校内の集団が学校の諸課題を解決していくチームになるとともに，管理職が学校経営の中核を担うミドルリーダーを育てる人材育成の一助となることを願っています。

　　　　　　　　　　　　　　　　　　　　　　　　　　福岡県教育センター所長　**今畑孝行**

■■ 本書の概要 ■■

第1章　学校のチーム化とミドルリーダー

第1章では，本書を貫くミドルリーダー論について説明しています。

■　第1節　学校のチーム化とその背景

学校は，これまでのように諸問題の解決を，個々の教職員の努力や力量に依存するのではなく，「チーム」として対応することが求められています。

第1節では，学校にチームとしての対応が求められる背景と，学校のチーム化の意味について説明しています。

■　第2節　学校のチーム化とミドルリーダーの機能

学校のチーム化を実現するためには，ミドルリーダーが校長のリーダーシップとマネジメントを積極的にサポートする必要があります。具体的には，ミドルリーダーによるミドル・アップダウン・マネジメントを充実させることが求められます。

第2節では，ミドル・アップダウン・マネジメントの具体的な内容と，ミドル・アップダウン・マネジメントにおいて発揮されるリーダー的な機能，マネージャー的な機能，メンター的な機能について説明しています。

■　第3節　学校経営感覚に基づく20の行動様式

学校のチーム化に大きく貢献しているミドルリーダーは，校種や職位等に関係なく，共通する「感覚」と「行動様式」をもっています。

第3節では，優れたミドルリーダーがもっている「学校経営感覚」の内容と「20の行動様式」の捉え方や意義について説明しています。

第2章　学校経営感覚に基づく20の行動様式

第2章では，「20の行動様式」の具体的な内容について説明しています。

■　01～05　リーダー的な行動様式

「経営ビジョンの共有化と実践化を促進する」というリーダー的な機能に係る行動様式を説明しています。校長の経営ビジョンと教職員をつなぐための「方向付け」と「事前探究」を重視した行動様式を示しています。

■　06～13　マネージャー的な行動様式

「課題解決に向かう協働体制を構築する」というマネージャー的な機能に係る行動様式を説明しています。確実に課題の解決をもたらすPDCAサイクルにするための「課題提示」「役割遂行」「改善要求」「協働促進」を重視した行動様式を示しています。

■　14～20　メンター的な行動様式

「教職員の資質能力向上に資する支援を行う」というメンター的な機能に係る行動様式を説明しています。専門的力量の向上とチームの一員として求められる能力の獲得を支援するための「個別配慮」「信頼蓄積」を重視した行動様式を示しています。

一つ一つの行動様式は，以下のレイアウトで解説しています。

○ 行動様式の意味
○ 行動様式の具体的な手順
　※　行動様式の内容によっては，意味の説明で用いた用語の解説，行動様式をいかす場面，行動様式をいかす意義等を示しています。
○ 行動様式の実践的なポイント
○ 行動様式の実際が分かる実践例

第3章　ミドル・アップダウン・マネジメント

　第3章では，学校のチーム化を目指すミドル・アップダウン・マネジメントの実際がわかる10事例を紹介しています。各事例は，自校のチーム化にいかすことができるように，以下の二つの内容を重視した構成になっています。

■　学校のチーム化のストーリー

・経営ビジョンに基づいた取組を実践していくプロセスにおいて，教職員が目的を共有し，相互作用を重視し，価値創造に向かうようになるストーリーを示しています。
・ストーリーが実現するためには，どんな行動様式を選択してミドル・アップダウン・マネジメントにいかそうとしたのかを示しています。

■　課題が明確なミドル・アップダウン・マネジメント

・校長が示す経営ビジョンと実践層が直面している現実との間に生じた「どんな」ずれや問題を解決するのかを明確に示しています。
・ずれや問題を解決するために，「どんな」ミドルダウンアプローチとミドルアップアプローチを展開したのかを具体的に示しています。

第4章　20の行動様式をいかした人材育成

　第1章～第3章は，ミドルリーダーとして学校経営に参画することが期待されている教職員が理論と実践を学ぶことができるように構成しています。これらの内容は，管理職がミドルリーダーを育成するに当たって指導する内容やポイントを示していることにもなります。
　そこで，第4章では，「ミドルリーダーに求められる20の行動様式チェックリスト」を用いた校長による人材育成の事例を，以下のレイアウトで紹介しています。

○ 校長が人材育成に取り組む上で重視した見通し
○ 校長が，見通しに基づいた指導やアドバイス等をしながら，ミドルリーダーに「20の行動様式」を学ばせようとしたプロセス
　※　校長とミドルリーダーの具体的なやりとりを示しています。
○ 校長と人材育成の対象となったミドルリーダーの「振り返り」と「20の行動様式」の有効性

■■ 本書の使い方 ■■

－ 使い方１ －
ミドルリーダーの基礎・基本から学ぶ方は，第１章から読むことを勧めます

　今，なぜ，学校経営におけるミドルリーダーの働きが重視されているのか。これまでもミドルリーダー的な存在が各学校にいましたが，そういった立場とは何が違うのか。そして，具体的に「何を」「どのように」すればいいのか。これらのミドルリーダーに関する基礎・基本の内容を学ぶことは，ミドルリーダーとして学校経営に参画する自覚を強く促します。そして，目的を共有し，相互作用を活性化して，新たな価値を創造していく学校のチーム化に貢献する自分の見通しをもつことができます。

－ 使い方２ －
マネジメントの質を高めたい方は，第２章から読むことを勧めます

　ミドルリーダーには，校長の経営ビジョンをＰＤＣＡサイクルを循環させながら実現していくことが求められます。それが，ミドルリーダーによるミドル・アップダウン・マネジメントです。ミドル・アップダウン・マネジメントのプロセスでは，ミドルリーダーのリーダー的な機能，マネージャー的な機能，メンター的な機能が発揮されることが求められます。三つの機能における具体的な「２０の行動様式」について学ぶことでミドル・アップダウン・マネジメントの質を高めることができます。

－ 使い方３ －
喫緊に現状を改善する必要がある方は，第３章から読むことを勧めます

　第３章には，学校のチーム化に大きく貢献しているミドルリーダーが，実際にどんな状況で，どんな行動様式をいかしながらミドル・アップダウン・マネジメントを展開したのかを具体的に紹介しています。自校が直面している状況と類似の状況を検索し，そこに示されているミドルリーダーの動きから学ぶことで，現状を改善するアイディアや戦略をもつことができます。

※　10の事例は，実際に福岡県内の小学校，中学校，特別支援学校，高等学校におけるミドルリーダーの実践をまとめたものです。

－ 使い方４ －
人材育成の見通しをもちたい管理職の方は，第４章から読むことを勧めます

　自主的，自律的な学校経営を具現化する上で，ミドルリーダーの育成は大きな課題となります。ミドルリーダーを育成するに当たっては，育成する管理職と育成される教職員がミドルリーダーのミドル・アップダウン・マネジメントにおける課題を共有することが重要です。管理職が「ミドルリーダーに求められる２０の行動様式チェックリスト」を活用することで，どんな側面から，どんな手法を用いて育成するかという見通しを明らかにすることができます。

■目次■

はじめに
本書の概要　本書の使い方

第1章　学校のチーム化とミドルリーダー

第1節　学校のチーム化とその背景
1　学校を取り巻く環境の変化 …………………………………………………………… 2
2　学校のチーム化について ……………………………………………………………… 5

第2節　学校のチーム化とミドルリーダーの機能
1　ミドル・アップダウン・マネジメントについて …………………………………… 10
2　ミドル・アップダウン・マネジメントにおける三つの機能について …………… 13

第3節　学校経営感覚に基づく20の行動様式
1　優れたミドルリーダーがもつ学校経営感覚について ……………………………… 18
2　三つの機能から整理した20の行動様式について …………………………………… 22

第2章　学校経営感覚に基づく20の行動様式

1　本章の内容について …………………………………………………………………… 26
2　本章の読み方について ………………………………………………………………… 26
　　ミドルリーダーに求められる20の行動様式チェックリスト ……………………… 27

[リーダー的な機能　方向付け(1)]
行動様式01　重点目標や経営の重点を具体化する ………………………………………… 28
　ポイント1　重点目標・経営の重点と自分の仕事の目標を関連させましょう
　ポイント2　取組を絞り込んで重点目標の達成に迫りましょう
　ポイント3　取組の内容・方法をスケジュール化して明示しましょう

[リーダー的な機能　方向付け(2)]
行動様式02　シナリオを描く ………………………………………………………………… 30
　ポイント1　まず，管理職に提言しましょう
　ポイント2　教職員の実践をいかしながら具体化しましょう
　ポイント3　柔軟性をもった運用を心掛けましょう

[リーダー的な機能　事前探究(1)]
行動様式03　現状を把握する ………………………………………………………………… 32
　ポイント1　数値化した現状を整理して提示しましょう
　ポイント2　日常的観察などによる現状も整理して提示しましょう
　ポイント3　問題の明確化は問題が発生している要因を考えながら行いましょう

[リーダー的な機能　事前探究(2)]
行動様式04　必要な情報を集める ………………………………………………………… 34
　ポイント1　情報収集の目的や収集した情報の活用について，積極的に発信しましょう
　ポイント2　情報を提供してほしい対象者に応じて，分かりやすく発信しましょう

目 次

[リーダー的な機能　事前探究(3)]
　　行動様式05　　課題を整理する　………………………………………………………………　36
　　　　ポイント1　課題の掘り起こしや解決方法の検討にはワークショップ研修をいかしましょう
　　　　ポイント2　課題への取組は時間軸で検討しましょう

[マネージャー的な機能　課題提示(1)]
　　行動様式06　　チーム化の状態を分析する　……………………………………………………　38
　　　　ポイント1　目的共有は，メンバーの理解と納得が生まれているかで分析しましょう
　　　　ポイント2　相互作用は，協力，自分の役割を広げる等の共同作業で分析しましょう
　　　　ポイント3　価値創造は，問題を集団の力で解決しているかで分析しましょう

[マネージャー的な機能　課題提示(2)]
　　行動様式07　　チーム内の役割を考える　…………………………………………………………　40
　　　　ポイント1　性格特性は，メンバーのもつ性格特性の相異を比較して把握しましょう
　　　　ポイント2　能力は，取り組む課題を推進・管理・運営できるかどうかで把握しましょう
　　　　ポイント3　役割を頼む前に，日頃から頼まれたことに協力を惜しまず支援しましょう

[マネージャー的な機能　役割遂行(1)]
　　行動様式08　　評価指標の設定を促す　…………………………………………………………　42
　　　　ポイント1　達成可能な成果指標を設定させましょう
　　　　ポイント2　一緒に考える姿勢をもちましょう
　　　　ポイント3　達成ができなかったら，取組指標の見直しを検討させましょう

[マネージャー的な機能　役割遂行(2)]
　　行動様式09　　機会を捉えて指導・助言を行う　……………………………………………　44
　　　　ポイント1　腹案を基に，進捗状況を把握し機会を捉えましょう
　　　　ポイント2　さらに効果が期待できる場合も機会と捉え，指導・助言を行いましょう
　　　　ポイント3　相手の経験や能力に応じた指導・助言を心掛け，納得を生み出しましょう

[マネージャー的な機能　改善要求(1)]
　　行動様式10　　取組の見直しを図る　………………………………………………………………　46
　　　　ポイント1　成果が見えた取組は少しずつ軽減しましょう
　　　　ポイント2　教職員のアイディアを大切にしましょう
　　　　ポイント3　小さな単位に分割して評価しましょう

[マネージャー的な機能　改善要求(2)]
　　行動様式11　　挑戦的な目標を設定する　…………………………………………………………　48
　　　　ポイント1　設定する目標は，取組の時間軸と努力量から考えましょう
　　　　ポイント2　目標設定は，集団決定や自己決定できるようにしましょう

[マネージャー的な機能　協働促進(1)]
　　行動様式12　　連携を俯瞰する　……………………………………………………………………　50
　　　　ポイント1　各分掌の仕事の目的・内容等は，管理職に確認しましょう
　　　　ポイント2　連携対象と内容を図示して，明示しましょう
　　　　ポイント3　各分掌のミドルリーダーと水平方向コミュニケーションをしましょう

[マネージャー的な機能　協働促進(2)]
　　行動様式13　　仕事を調整する　……………………………………………………………………　52
　　　　ポイント1　業務内容は具体的な要素を決めて整理しましょう
　　　　ポイント2　業務の予定や状況を可視化できるように工夫しましょう

[メンター的な機能　個別配慮(1)]
　　行動様式14　　チームの担い手を育てる ……………………………………………………… 54
　　　ポイント1　集団で必要とされる仕事を果たせるスキルを教えましょう
　　　ポイント2　育てる人に他者からのフィードバックを与えましょう
　　　ポイント3　他のメンバーも巻き込みながら育てましょう

[メンター的な機能　個別配慮(2)]
　　行動様式15　　負担感に気付く …………………………………………………………………… 56
　　　ポイント1　負担感の緩和や解消のためのコミュニケーションに心掛けましょう
　　　ポイント2　一人の人間として相手に敬意を払いましょう
　　　ポイント3　仕事を成功させるコミュニケーション・支援をおろそかにしないようにしましょう

[メンター的な機能　個別配慮(3)]
　　行動様式16　　折り合いを付ける ………………………………………………………………… 58
　　　ポイント1　「したいこと」ではなく「できること」から合意点を模索しましょう
　　　ポイント2　動こうとしないのか動けないのかを考えて，合意点を調整しましょう

[メンター的な機能　信頼蓄積(1)]
　　行動様式17　　仕事ぶりを的確に評価する ……………………………………………………… 60
　　　ポイント1　個に応じて評価しましょう
　　　ポイント2　閉じないで，開かれた評価にしましょう
　　　ポイント3　不十分さに気付かせることも大事にしましょう

[メンター的な機能　信頼蓄積(2)]
　　行動様式18　　あえて巻き込まれる ……………………………………………………………… 62
　　　ポイント1　成熟度が低い教職員へは，同じ目線にたって巻き込まれましょう
　　　ポイント2　相手の成熟度が高くても方向が間違っているときには，あえて巻き込まれましょう
　　　ポイント3　成熟度は違っても「頑張り」をねぎらい，自己成長を自覚させましょう

[メンター的な機能　信頼蓄積(3)]
　　行動様式19　　責任を共有する …………………………………………………………………… 64
　　　ポイント1　仕事を任せられる案件を創り出しましょう
　　　ポイント2　任せた後は，進捗状況をモニタリングしましょう
　　　ポイント3　任せた相手の自主性を尊重しましょう

[メンター的な機能　信頼蓄積(4)]
　　行動様式20　　指し手感覚を醸成する …………………………………………………………… 66
　　　ポイント1　計画段階の細かなスケジュールは個人に委ねましょう
　　　ポイント2　実施段階の状況を常に把握しておきましょう
　　　ポイント3　仕事を振り返らせ，相手に応じて称賛の内容を変えましょう

第3章　ミドルリーダーによるマネジメントの実際

　1　本章に関わる調査研究の概要 ……………………………………………………………………… 70
　2　事例の見方 …………………………………………………………………………………………… 70
　3　活用方法 ……………………………………………………………………………………………… 71

事例1　学年主任研修会の活性化に向けての実践 ……………………………………………………… 72
　1　学校の状況とミドルリーダーが描いたシナリオ ………………………………………………… 72

　　　　2　学年主任研修会の活性化に向かうミドル・アップダウン・マネジメントの実際　　74
　　　(1)　「ミドルリーダーの行動　①」について　　行動様式01　重点目標や経営の重点を具体化する
　　　(2)　「ミドルリーダーの行動　③」について　　行動様式02　シナリオを描く
　　　(3)　「ミドルリーダーの行動　④」について　　行動様式17　仕事ぶりを的確に評価する
　　　(4)　「ミドルリーダーの行動　⑥」について　　行動様式05　課題を整理する

事例2　主題研究の日常化を進める実践　　78
　　　1　学校の状況とミドルリーダーが描いたシナリオ　　78
　　　2　主題研究の日常化を進めるミドル・アップダウン・マネジメントの実際　　80
　　　(1)　「ミドルリーダーの行動　①」について　　行動様式02　シナリオを描く
　　　(2)　「ミドルリーダーの行動　②」について　　行動様式10　取組の見直しを図る
　　　(3)　「ミドルリーダーの行動　④」について　　行動様式11　挑戦的な目標を設定する
　　　(4)　「ミドルリーダーの行動　⑤」について　　行動様式17　仕事ぶりを的確に評価する

事例3　授業改善に全教員を巻き込む実践　　84
　　　1　学校の状況とミドルリーダーが描いたシナリオ　　84
　　　2　授業改善に全教員を巻き込むミドル・アップダウン・マネジメントの実際　　86
　　　(1)　「ミドルリーダーの行動　①」について　　行動様式04　必要な情報を集める
　　　(2)　「ミドルリーダーの行動　③」について　　行動様式18　あえて巻き込まれる
　　　(3)　「ミドルリーダーの行動　④」について　　行動様式15　負担感に気付く
　　　(4)　「ミドルリーダーの行動　⑤」について　　行動様式17　仕事ぶりを的確に評価する

事例4　小規模校において協働指導体制を構築する実践　　90
　　　1　学校の状況とミドルリーダーが描いたシナリオ　　90
　　　2　小規模校において協働指導体制を構築するミドル・アップダウン・マネジメントの実際　　92
　　　(1)　「ミドルリーダーの行動　①」について　　行動様式05　課題を整理する
　　　(2)　「ミドルリーダーの行動　③」について　　行動様式07　チーム内の役割を考える
　　　(3)　「ミドルリーダーの行動　④」について　　行動様式15　負担感に気付く
　　　(4)　「ミドルリーダーの行動　⑤」について　　行動様式10　取組の見直しを図る

事例5　新たな取組に全教職員を巻き込む実践　　96
　　　1　学校の状況とミドルリーダーが描いたシナリオ　　96
　　　2　新たな取組に全教職員を巻き込むミドル・アップダウン・マネジメントの実際　　98
　　　(1)　「ミドルリーダーの行動　①」について　　行動様式04　必要な情報を集める
　　　(2)　「ミドルリーダーの行動　②」について　　行動様式18　あえて巻き込まれる
　　　(3)　「ミドルリーダーの行動　③」について　　行動様式07　チーム内の役割を考える
　　　(4)　「ミドルリーダーの行動　③」について　　行動様式16　折り合いを付ける

事例6　生徒指導の取組に全教職員を巻き込む実践　　102
　　　1　学校の状況とミドルリーダーが描いたシナリオ　　102
　　　2　生徒指導の取組に全教職員を巻き込むミドル・アップダウン・マネジメントの実際　　104
　　　(1)　「ミドルリーダーの行動　①」について　　行動様式03　現状を把握する
　　　(2)　「ミドルリーダーの行動　②」について　　行動様式12　連携を俯瞰する
　　　(3)　「ミドルリーダーの行動　③」について　　行動様式20　指し手感覚を醸成する
　　　(4)　「ミドルリーダーの行動　③」について　　行動様式08　評価指標の設定を促す

事例7　不登校解消の取組に学校全体を巻き込む実践　　108
　　　1　学校の状況とミドルリーダーが描いたシナリオ　　108

2　不登校解消の取組に学校全体を巻き込むミドル・アップダウン・マネジメントの実際　110
　　(1)　「ミドルリーダーの行動　①」について　　行動様式04　必要な情報を集める
　　(2)　「ミドルリーダーの行動　②」について　　行動様式08　評価指標の設定を促す
　　(3)　「ミドルリーダーの行動　③」について　　行動様式10　取組の見直しを図る
　　(4)　「ミドルリーダーの行動　④」について　　行動様式19　責任を共有する

事例8　現状維持を抜けだして学校の活性化を図る実践　114
　　1　学校の状況とミドルリーダーが描いたシナリオ　114
　　2　現状維持を抜けだして学校の活性化を図るミドル・アップダウン・マネジメントの実際　116
　　(1)　「ミドルリーダーの行動　①」について　　行動様式05　課題を整理する
　　(2)　「ミドルリーダーの行動　②」について　　行動様式19　責任を共有する
　　(3)　「ミドルリーダーの行動　③」について　　行動様式12　連携を俯瞰する
　　(4)　「ミドルリーダーの行動　④」について　　行動様式17　仕事ぶりを的確に評価する

事例9　全教職員で自校の特色の具体化を図る実践　120
　　1　学校の状況とミドルリーダーが描いたシナリオ　120
　　2　全教職員で自校の特色の具体化を図るミドル・アップダウン・マネジメントの実際　122
　　(1)　「ミドルリーダーの行動　①」について　　行動様式04　必要な情報を集める
　　(2)　「ミドルリーダーの行動　②」について　　行動様式02　シナリオを描く
　　(3)　「ミドルリーダーの行動　④」について　　行動様式12　連携を俯瞰する
　　(4)　「ミドルリーダーの行動　⑤」について　　行動様式09　機会を捉えて指導・助言を行う

事例10　組織の機能化の中で若年層を育成する実践　126
　　1　学校の状況とミドルリーダーが描いたシナリオ　126
　　2　組織の機能化の中で若年層を育成するミドル・アップダウン・マネジメントの実際　128
　　(1)　「ミドルリーダーの行動　②」について　　行動様式05　課題を整理する
　　(2)　「ミドルリーダーの行動　③」について　　行動様式07　チーム内の役割を考える
　　(3)　「ミドルリーダーの行動　④」について　　行動様式20　指し手感覚を醸成する
　　(4)　「ミドルリーダーの行動　⑤」について　　行動様式11　挑戦的な目標を設定する

第4章　20の行動様式をいかした人材育成

　　1　「ミドルリーダーに求められる20の行動様式チェックリスト」を活用する意義　134
　　2　「ミドルリーダーに求められる20の行動様式チェックリスト」の活用　134
　　　　ミドルリーダーに求められる20の行動様式チェックリスト　135

事例1　主題研究を協働して推進する研究主任へ　136
　　　　行動様式07　チーム内の役割を考える，行動様式13　仕事を調整する
　　　　行動様式14　チームの担い手を育てる

事例2　協働的な学力向上を推進する主幹教諭へ　138
　　　　行動様式05　課題を整理する

事例3　学習規律の向上を推進する副教務主任へ　140
　　　　行動様式03　現状を把握する，行動様式04　必要な情報を集める

事例4　後輩教諭への関わり方を考えて動く学年主任へ　142
　　　　行動様式20　指し手感覚を醸成する

目 次

事例5 教職員とのよりよい人間関係を構築する主幹教諭へ …………………… 144
　　　　　行動様式15　負担感に気付く，行動様式18　あえて巻き込まれる

事例6 人材育成に積極的に取り組む主幹教諭へ …………………………………… 146
　　　　　行動様式14　チームの担い手を育てる

事例7 相手の状況に対応して的確に指導する主幹教諭へ …………………… 148
　　　　　行動様式09　機会を捉えて指導・助言する

事例8 モチベーションが高まる協働体制を構築する主幹教諭へ ………… 150
　　　　　行動様式15　負担感に気付く

事例9 教職員に挑戦的目標を設定させる主幹教諭へ ……………………………… 152
　　　　　行動様式11　挑戦的な価値ある目標を設定する

事例10 教科・学年・学系を超えた連携を図る主幹教諭へ …………………… 154
　　　　　行動様式05　課題を整理する，行動様式10　取組の見直しを図る
　　　　　行動様式12　連携を俯瞰する

おわりに

Chapter 1

第1章

学校のチーム化と
ミドルリーダー

学校が直面する課題については,
■子供に関する問題の複雑化,多様化
■教員年齢構成の変化に伴う若年教員の育成
■新たな教育方法について学び合う環境づくり　等
の変化への対応が指摘されています。
このことから,学校のチーム化が求められているのです。

本章では,学校のチーム化を目指すミドルリーダーの働き
について解説しています。

第1節　学校のチーム化とその背景

1　学校を取り巻く環境の変化

（1）複雑化，多様化する教育課題等への対応が求められている

中央教育審議会は，平成24年8月28日に「教職生活の全体を通じた教員の資質能力の総合的な向上方策について」と題する答申を発表しました。答申には，「これからの社会と学校に期待される役割」として，「いじめ・暴力行為・不登校等生徒指導上の諸課題への対応」「特別支援教育の充実」「外国人児童生徒への対応」（図1-1-1）及び「ＩＣＴ活用の要請」といった複雑かつ多様な課題が示されています[1]。

不登校児童生徒の割合	小学校	中学校
平成5年度	0.17%	1.24%
比較	↓1.9倍	↓2.2倍
平成20年度	0.32%	2.77%

学校内での暴力行為の件数	小学校	中学校
平成18年度	3,494件	27,540件
比較	↓1.9倍	↓1.4倍
平成20年度	6,600件	39,382件

日本語指導が必要な外国人児童生徒数	小学校	中学校
平成5年度	7,569人	2,881人
比較	↓2.6倍	↓2.6倍
平成20年度	19,504人	7,576人

通級※1による指導を受けている児童生徒数	小学校	中学校
平成5年度	11,963人	296人
比較	↓4.2倍	↓11.6倍
平成21年度	50,569人（14,893人）※2	3,452人（1,910人）※2

特別支援学級・特別支援学校※3に在籍する児童生徒数※4（国・公・私立計）	小学校・小学部	中学校・中学部
平成5年度	学級 45,650人 学校 29,201人	学級 23,600人 学校 21,290人
比較	↓1.8倍	↓1.6倍
平成22年度	学級 101,019人 学校 35,889人	学級 44,412人 学校 27,622人

※1　通常学級に在籍しながら週に，1〜8時間，特別な場で指導を行う形態
※2　21年度の括弧内は自閉症，ＬＤ，ＡＤＨＤの通級指導教室を利用している人数
※3　平成5年度の特別支援学校は，盲・聾・養護学校に在籍する児童生徒数を合計した数字
※4　上段に示すのが特別支援学級に在籍する児童生徒数，下段に示すのが特別支援学校に在籍する児童生徒数

図1-1-1　「教職生活の全体を通じた教員の資質能力の総合的な向上方策について　参考資料2」より引用

これらの課題への対応には，今まで以上に専門的な知識や実践的な指導力，総合的な人間力が求められます。したがって，個々の教員がもっている知識や技能，経験による個別的・即時的な問題解決を図るという方策は通用しません。学年単位，全校体制で対応することが必要になってきています。

一例として，いじめに関する問題について，前文部科学省視学官　杉田　洋氏（特別活動担当）は以下のように述べています[2]。

「いじめの問題も学力の問題も，その多くは学級の状況に起因している場合が少なくない。また，若手だけでなくベテランの教師でさえ学級集団づくりに行き詰まるケースが出始めている。このような中，学級づくりは，もはや学級担任任せではいけないのではないか。学校全体の構想に基づき，学年単位などで行う時代になったのだと覚悟すべきだと思う。学校長がその先頭に立って，共通の指導を行うことができるようにするなど，全校体制で学級づくりを進めていく必要が出てきたのである。」

図1-1-2　学年単位で学級経営を構想する

※　図1-1-2は，学年単位で行う学級づくりのイメージを示しています。

（2）教員構成の変化への対応が求められている

　文部科学省をはじめとする各機関の調査では，「団塊の世代」に続くベテラン教員の大量退職が続き，経験の少ない教員が大量に誕生する状況が指摘されています。このことは，教員の力量が，学校現場における多様な実践経験によって形成されることを考えると，学校の教育力が相対的に低下することを意味します。したがって，経験の少ない教員の力量の形成と向上を効果的・効率的に図ることが学校組織における喫緊の課題です。

　これまでは，「頼れる先輩」から，放課後の職員室で担任をしている子供の指導についてアドバイスを受けたり，研究授業前には板書をつくりながら指導を受けたりする機会を通して，若年教員が育成されてきました（図1-1-3）。

　現在，若年教員が「頼れる先輩」として身近に感じる年代層にあたる教員の数は，ベテラン層に比べて極端に少ないという状況があります。また，若年教員とベテラン層の間では，いわゆるコミュニケーションギャップが生じて，知識や経験を共有することが難しいという状況もあります。

図1-1-3　ベテランに板書の指導を受ける

　このように，若年教員を育成するフォーマル，インフォーマルな機会が教員年齢構成の変化により失われつつあるという危機感を背景として，学校全体で組織的，計画的に若年教員を指導，支援することが求められています。

　教員構成の変化への対応には，若年教員の育成の他にもう一つの意味があります。これまではベテラン教員が多かったので，その下の世代の教員は，学年主任やその他の主任等の立場で学校経営に参画した経験がほとんどありません。このことも，学校の教育力を低下させる要因になります。

　そこで，ベテラン教員に代わって学校経営に参画する経験（図1-1-4）を，次世代の教員にもたせる必要があるということです[3]。この課題についても学校全体で対応することが求められています。

図1-1-4　研究主任のサポートを任せる

　図1-1-5に示すグラフ[4]は，福岡県の小・中学校教員の年齢構成を表したものです。全国平均との対比から，教員構成の変化への対応は，本県においてはより切実であることが分かります。

- 「50歳以上」の教員の割合は全国よりも高い。
    → 福岡（39.1%）　全国（37.3%）
- 「35歳以上40歳未満」と「40歳以上45歳未満」の教員を合わせた割合は全国よりも低い。
    → 福岡（20.1%）　全国（25.7%）
- 「30歳未満」の教員の割合は全国よりも低い。
    → 福岡（12.2%）　全国（14.8%）

※　県立の高等学校，特別支援学校においても公立小・中学校と同じような教員年齢構成に関する状況が生じています。

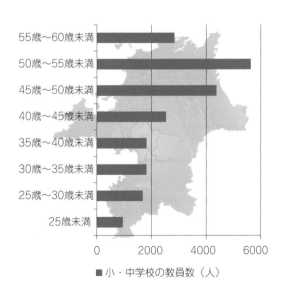

図1-1-5　福岡県の小・中学校教員の年齢構成（平成26年）

第1節　学校のチーム化とその背景

（3）「学びの転換」への対応が求められている

　今後，我が国においては，生産年齢人口の減少，グローバル化の進展や絶え間ない技術革新等により，社会構造や雇用環境は大きく変化すると指摘されています[5]。このことから，2030年頃までの変化を見据えつつ，さらにその先も見通しながら，次期学習指導要領の在り方についての検討が重ねられてきました。検討された内容については，『論点整理』という形でまとめられ，子供の学びの見直しに関する以下の点が強調された「学びの転換」が求められています[6]。

○　新しい時代に必要となる資質・能力の育成　－資質・能力の三つの柱－
　・何を知っているか，何ができるか（個別の知識・技能）
　・知っていること・できることをどう使うか（思考力・判断力・表現力等）
　・どのように社会・世界と関わり，よりよい人生を送るか（人間性や学びに向かう力，人間性等）
○　育成すべき資質・能力を踏まえた教科・科目等の新設や目標・内容の見直し
○　アクティブ・ラーニングの視点からの不断の授業改善

　さらには，学習指導要領等の理念を実現するために必要な方策として，学習評価の充実とカリキュラム・マネジメントの充実を重視しています（図1-1-6）。カリキュラム・マネジメントとは，学校の教育目標の実現に向けて，児童生徒や学校の実態を踏まえ，教育課程を編成・実施・評価し，改善を図る一連のサイクルを計画的・組織的に推進していくことです[7]。『論点整理』においては，カリキュラム・マネジメントの充実を以下の三つの側面から捉えています。

・各教科等の教育内容を相互の関係で捉え，学校の教育目標を踏まえた教科横断的な視点でその目標の達成に必要な教育の内容を組織的に配列していくこと。
・教育内容の質の向上に向けて，子供たちの姿や地域の現状等に関する調査や各種データ等に基づき，教育課程を編成し，実施し，評価して改善を図る一連のPDCAサイクルを確立すること。
・教育内容と，教育活動に必要な人的・物的資源等を，地域等の外部の資源も含めて活用しながら効果的に組み合わせること。

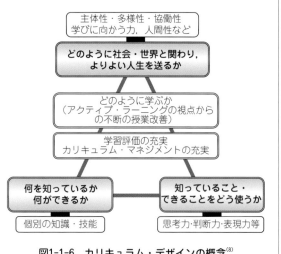

図1-1-6　カリキュラム・デザインの概念[8]

　以上のことから，次期学習指導要領の中心的な理念である「学びの転換」の実現には，校長を中心としながら学校全体で取り組む必要があるということは明らかです。
　子供の実態に基づき，どんな資質能力を重点的に育むのかを明らかにする。そのために，どんな内容を重視して指導するのかを考え，その効果を把握する。そして，指導改善の方向性を具体化する（図1-1-7）。このような「学びの転換」を見通したカリキュラム・マネジメントに，全ての教職員がかかわることが，今後は今まで以上に重要になってきます。

図1-1-7　月ごとに指導の改善策を協議する

第1節 学校のチーム化とその背景
2 学校のチーム化について

(1) 教職員の自律性と学校のチーム化

　学校は，従来から個業化の傾向が強い組織であるといわれてきました。「管理職も教育活動の実際については踏み込みにくい」「仕事の標準化が難しい」「常に即時的，個別的な対応が求められる」という学校の特異性から，図1-1-8に示すような状況が常態化していたからです[9]。

　したがって，学校全体でどんな教育活動を重視するかという方向性は示されるものの，
- 全員が協力してというよりは一部の教職員の頑張りで問題を乗り切ろうとする
- 何がよいのかを協議することなく，それぞれがよいと思う教育活動に専念している

という個々の教職員の裁量に依存した組織が学校であり，今まではそれで何とかなってきました。

　しかし，今日の学校を取り巻く環境の変化は，もはや個々の教職員の裁量で対応することができるレベルを大きく超えています。このことから，個業化にとどまらない，学校全体での対応を実現する組織づくりが必要です。

　以上のことを踏まえ，本研究では，学校を取り巻く環境の変化に伴って求められている学校の姿を「学校のチーム化」として捉え，以下のとおりに定義付けました。

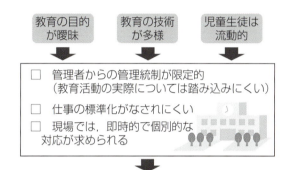

図1-1-8　学校における個業化の状況

> 学校のチーム化とは，教職員がもつ自律性が「全体最適」の方向でいかされることにより，目的共有，相互作用，価値創造という望ましい変容が組織にもたらされることである。

　教職員の自律性とは，「よい授業がしたい」「集団が高まる学級経営がしたい」という自己実現の欲求をもって，自らの教育活動を計画・実施・評価・改善していこうとする姿勢のことです。

　文部科学省が行った「教職員の業務実態調査」[10]（図1-1-9）では，各種の調査やアンケートへの対応，報告書等の作成及び保護者や地域への対応等には負担を感じているが，直接的に子供を指導する業務（授業や個別指導等）に勤務時間外や休日を費やすことに対しては，負担感よりも「やりがい」を感じている教員が多いという実態が明らかになりました。このことは，教職員の多くが，「より質の高い教育を子供一人一人に」という自己実現の欲求をもって，日々の教育活動に取り組んでいることを示しています。このような個々の教職員の自律性が，これまでの学校を支える原動力となってきました。

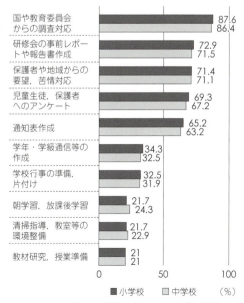

図1-1-9　教諭の業務に対する負担感の状況

当然，学校がこれから直面する諸課題への対応を考える上でも，教職員がもつ自律性は積極的な意味をもつものです。ここでいう積極的な意味とは，図1-1-10に示すように，「部分最適」ではなく「全体最適」の方向で発揮されるものとして捉えるということです。

【自律性が「部分最適」に向かう場合】
　学校においては，一部の学級や分掌における教育活動の質や水準が向上すること。したがって，学級間や分掌間には取組の質に差が生じたり，継続性や発展性に欠けたりする。

【自律性が「全体最適」に向かう場合】
　一部ではなく，すべての学級や分掌における教育活動の質や水準が向上すること。このことにより，学校全体の教育活動を一体的，協働的，発展的に進めることができる。

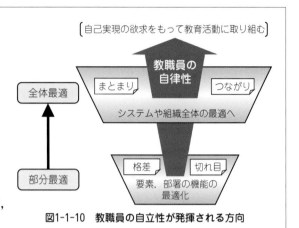

図1-1-10　教職員の自立性が発揮される方向

さらには，教職員のもつ自律性が「全体最適」に向かって発揮されることによって，組織には目的共有，相互作用，価値創造という要件が見られるようになります（表1-1-1）。

表1-1-1　学校のチーム化に伴う組織の変容

目 的 共 有	相 互 作 用	価 値 創 造
子供や組織の実態に基づく学校の課題及び解決の方策を，自分がもっている自己実現の欲求とつないで理解し，日々の教育活動における共通実践を重視するようになる。	課題解決に向けて積極的にコミュニケーションを図る中で，専門性を高め合ったり，困難な状況で支え合ったりして，仕事の協働化を推進するようになる。	形式や慣習に流されずに，実態や課題に対応した本質的で未来志向的な発想や変革が重視され，新たな挑戦に対しては抵抗感よりも期待感をもつようになる。
【具体的な例】	【具体的な例】	【具体的な例】

－ 学力向上研修会で －　学力に関する子供の実態についてお互いの考えを出し合う。そのプロセスで学力向上プランの価値を共通理解して，自分の授業づくりを積極的に見直し，改善を図ろうとする姿である。	－ 模擬授業で －　先輩教員は，若年教員に指導するために学び直す。若年教員は，授業づくりの疑問点を先輩にぶつけ，教えてもらった内容を実践にいかす。校内研修を媒体にして高め合う姿である。	－ 研究授業の整理会で －　整理会では，次の研究授業に向けて改善点を明確にする。それを受けて，次の授業者と同学年・同教科の教員が改善策の提案に全力を注ぎ，新たな授業づくりに挑戦している姿である。

ここまで述べたことに基づいて考えると,「学校のチーム化」における「チーム」とは,単純に教職員集団を指すものではないことは明らかです。以下に示す三つの条件を満足させる教職員集団を「チーム」として捉えます。

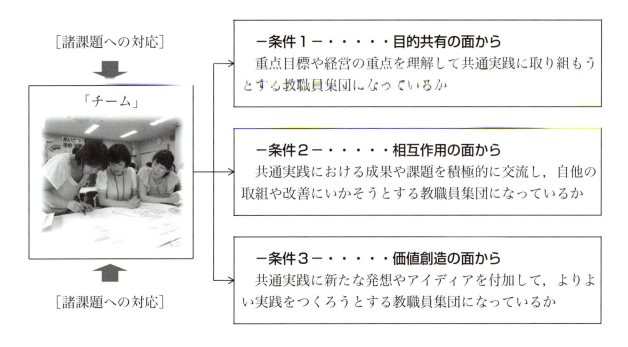

「全体最適」の方向で発揮される自律性を基盤にした目的共有,相互作用,価値創造がみられる教職員集団になると,図1-1-11に示す好循環を期待することができます。すなわち,何を,どのように解決することを目指すのかという目的が共有されると,全教職員で共通実践に取り組むことができます。そして,共通実践に取り組むプロセスでは,個々の教職員がもつ専門的な知識や経験,アイディア等をいかした創意工夫が生まれます。さらには,創意工夫をしたことによって新たな課題が見いだされ,共通実践が連続発展していくということです。

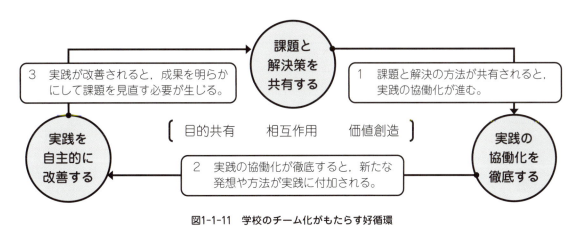

図1-1-11　学校のチーム化がもたらす好循環

今日の学校を取り巻く環境の変化にスピード感をもって的確に対応するためには,全教職員がかかわって図1-1-11に示す好循環をつくりだすことが不可欠です。ここに,従来から言われてきた個業型の学校における組織を見直して,「学校のチーム化」を重視する意義があります。

学校がチームになって困難な課題を解決していくことは,教職員一人一人に達成感や効力感をもたらし,誇りと責任感をもって教育活動に励むことを促します。

（2）学校のチーム化のプロセス

学校がチームに向かうプロセスについては，表1-1-2に示す3段階の集団のレベルが考えられます。レベル1の段階は，課題を解決するための共通実践に取り組むことができていない状態で，同じ学校で仕事をしているというだけの「集まり」の状態です。レベル2の段階になると，共通の課題や方策等を意識した実践に取り組み，手応えや課題について教職員同士で交流する「組織」の状態になります。さらに，レベル3の段階になると，新たな発想や改善案をいかして共通実践をよりよい取組にしようとする「チーム」の状態になるというプロセスです。

表1-1-2　学校のチーム化のプロセス・・・レベル1からレベル3への高まり

	－レベル1－ 「集まり」	－レベル2－ 「組　織」	－レベル3－ 「チーム」
目的共有	集団のメンバーがもつ自己実現の欲求が部分最適にとどまり，集団の課題や方策が共有されていない。	メンバーがもつ自己実現の欲求が全体最適に向かうようになり，組織の課題や方策が共有されている。	当初に設定した課題を解決することに加えて，実践の過程で見いだされた課題も共有されている。
相互作用	個々の実践の内容や方法について話し合うことがないので，学級や分掌等における仕事には差が生じる。	個々の実践や状況を交流するようになり，具体的な方策や課題を共有して改善を図ろうとする。	学級や分掌を超えた連携や情報の共有に基づく協働がスタンダードになり，各メンバーの力量も高まる。
価値創造	実践の内容や方法は前例を踏襲するにとどまり，メンバーが行う仕事の目的や質については問われない。	共通実践に関する報告・連絡・相談は行われるが，新たな発想や改善案の積極的な発信・交流はない。	新たな発想や改善案を積極的に発信・交流することが盛んになり，新たな取組の開発に挑戦する。

学校のチーム化の集団のレベルは偶然性によって高まるものではありません。教職員の自律性が「全体最適」の方向で発揮される状況を必然的につくりだすことが求められます。そこで大事になるのが，表1-1-3に示すリーダーシップとマネジメントを校長が発揮することです[11]。

表1-1-3　校長が発揮するリーダーシップとマネジメント

	リーダーシップ	マネジメント
目的	目標実現に向けて効果ある変革を生み出すこと。	組織を計画的・継続的に動かし続けること。
機能	教職員の心理面に働きかけ，組織に創造と変革を生み出し，教職員が同じ目標を目指して努力する状態を創る。	課題解決に向けて組織の統制がとれるように一貫性と秩序を生み出し，教職員が取組を徹底する状態を創る。

具体的には，個々の教職員の裁量で教育活動が進行する現状を分析した上で，学校のチーム化のレベルを見極め，「どんな取組を」「何のために」「どんな課題を意識しながら」徹底するのかを明確に示すということです。例えば，共通の目標となる具体的な子供の姿や授業のイメージを明確に示したり，取組の徹底につながる努力点や改善点を示したりすることによって，教職員がもつ自律性が「全体最適」に向かい，目的共有，相互作用，価値創造が生まれる状況をつくりだすということです。

しかし，校長のリーダーシップとマネジメントだけで学校のチーム化が実現するわけではありません。校長のリーダーシップとマネジメントを積極的にサポートしながら，教職員を共通実践に巻き込もうとするミドルリーダー（図1-1-12）の存在が必要になります。

第2節では，校長のリーダーシップとマネジメントを積極的にサポートしたり，個々の教職員を共通実践に巻き込んだりするためにミドルリーダーが展開する「ミドル・アップダウン・マネジメント」について解説していきます。

図1-1-12　共通実践に巻き込むイメージ

[参考資料：チームとしての学校]

文部科学省は平成27年7月16日に，「チームとしての学校の在り方と今後の改善施策について」（中間まとめ）を発表しました。発表の概要（ポイント）を図1-1-13[12]に示します。

1 「チームとしての学校」が求められる背景	2 「チームとしての学校」の在り方	3 具体的な改善方策
○ 次代を生きる力を育むための教育課程の改革や授業方法の革新を実現するための体制整備 ○ 複雑化・多様化した課題を解決するための体制整備 ○ 子供と向き合う時間の確保等のための体制整備	校長のリーダーシップの下，カリキュラム，日々の教育活動，学校の資源が一体的にマネジメントされ，教職員や学校内の多様な人材が，それぞれの専門性を生かして能力を発揮し，子供たちに必要な資質・能力を確実に身に付けさせることができる学校	(1) 専門性に基づくチーム体制の構築 　→ 専門スタッフ等の配置 (2) 学校のマネジメント機能の強化 　→ 校長のリーダーシップ (3) 教職員一人一人が力を発揮できる環境の整備

図1-1-13　「チームとしての学校の在り方と今後の改善方策について」（概要）

文部科学省では，「体制整備」を着眼点として，「チームとしての学校」を実現するための具体的な改善方策を打ち出しています。本研究における「学校のチーム化」は，具体的な改善方策に共通する内容はありますが，「教職員がもつ自律性」を着眼点として学校におけるチームの概念を考えている点で異なります。

〈引用・参考文献〉

(1) 中央教育審議会（2012）"教職生活の全体を通じた教員の資質能力の総合的な向上方策について"
(2) 杉田洋（2014）"個を育て，よりよい学級をつくる学級会①"『道徳と特別活動　4月号』文溪堂
(3) 元兼正浩（2010）『次世代スクールリーダーの条件』ぎょうせい
(4) 福岡県人事給与統計調査（2014）
(5) 文部科学省（2014）"初等中等教育における教育課程の基準等の在り方について（諮問）"
(6) 中央教育審議会（2015）"教育課程企画特別部会　論点整理"
(7) 田村知子（2011）『実践・カリキュラムマネジメント』ぎょうせい
(8) 中央教育審議会（2015）"教育課程企画特別部会　論点整理補足資料"
(9) 佐古秀一（2015）福岡県教育センター専門研修233講座「学校組織マネジメント」講義資料
(10) 文部科学省（2015）"学校現場における業務改善のためのガイドライン"
(11) 福岡県教育センター（2014）『学校経営15の方策』ぎょうせい
(12) 中央教育審議会（2015）"チームとしての学校の在り方と今後の改善施策について（中間まとめ）"

第2節 学校のチーム化とミドルリーダーの機能

1 ミドル・アップダウン・マネジメントについて

(1) ミドルリーダーの捉え方

　ミドルリーダーには、校長のリーダーシップとマネジメントを積極的にサポートしながら、個々の教職員を共通実践に巻き込んで、目的共有、相互作用、価値創造を実現することが求められます。ここで明らかにしておかなければならないのは、「誰が」ミドルリーダーになり、そのミドルリーダーは「どのように」動いたらよいのかということです。

　「誰が」ミドルリーダーになるのかということに関しては、図1-2-1に示している捉え方が考えられます[1]。当然、その背景にあるのは、

- 個々の教職員がもつ知識や技能、経験によるのではなく、協働体制による課題の解決が求められている。
- 教職員間で、実践に裏打ちされた知識や経験を共有することが難しくなっている。
- 学校が組織をあげて、新たな授業や教育課程を検討し、開発するプロジェクトへの取組が求められている。

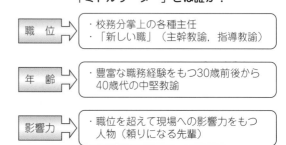

図1-2-1　ミドルリーダーの捉え方の分類

といった「学校を取り巻く環境の変化」に対応しなければならないという状況です。そのような状況にあっては、例えば「主幹教諭がミドルリーダーである」という一義的な捉え方をすることは現実的ではありません。「若手から信頼を得ているベテラン教員や優れた授業論をもった教員もミドルリーダーである」という多義的な捉え方をする方が、状況に合っているのです。

　以上のことから、ミドルリーダーを次のように捉えることが大事だと考えます[2]。

　ミドルリーダーとは、学校において10〜20年間など一定の教職経験を経た教職員と限定せずに、組織の課題解決において戦略的役割を果たしうる教職員を指します。すなわち、学校におけるミドルリーダーとは、組織の中で教職経験や教育実践を踏まえた知恵や力量を活用し、学校経営に貢献する教職員です。

―戦略的役割―
課題解決のプロセスや方策の具体化を図って学校全体の動きをつくりだし、学校のチーム化を目指すこと。

　では、ミドルリーダーは、校長のリーダーシップとマネジメントを積極的にサポートしながら、個々の教職員を共通実践に巻き込むために、「どのように」動いたらよいのでしょうか。その答えは、ミドルリーダーによるミドル・アップダウン・マネジメントにあります。

（2）ミドル・アップダウン・マネジメントの内容

　トップダウン・マネジメントでは，トップ層（管理職）から課題解決に向けた方向性や具体的な取組に関する詳しい指示が出されるので，効率的かつ迅速な対応が可能になります。しかし，それだけでは実践層（担任，分掌の係等）がもつ自律性が十分には発揮されません。

　ボトムアップ・マネジメントでは，実践層の考えや意向が課題解決の方向性や取組にいかされて組織としての動きが創造的になる反面，機動性や効率性はもたらしません。つまり，真の意味で教職員の自律性が「全体最適」に向かうことにはなりません。

　そこで，二つのマネジメント手法の利点をいかすことができるミドルリーダーによるミドル・アップダウン・マネジメントが重要になります。

> 　ミドル・アップダウン・マネジメントでは，経営ビジョンに基づく実践の共有化を図るとともに，具体的な取組の内容には実践層の思いや考え等がいかされるので，個々の教職員がもつ自律性が「全体最適」に向かい，目的共有，相互作用，価値創造の促進につながる。

　ミドル・アップダウン・マネジメントの具体的な内容は，図1-2-2に示すとおりです。

図1-2-2　ミドル・アップダウン・マネジメントのイメージ

　トップ層の校長が示す経営ビジョンと実践層が直面している現実との間に生じてくるずれや課題を，ミドルダウンアプローチとミドルアップアプローチによって解決する。

―――――――ミドルダウンアプローチ―――――――
- ・解　釈：校長が示す経営ビジョンの意味や価値の解釈から，方向性を明らかにする。
- ・具体化：学校内外の環境を踏まえて共通実践の具体的な内容や方法を実践層に示す。

―――――――ミドルアップアプローチ―――――――
- ・整　理：共通実践における実践層の反応を整理して，問題点や課題の焦点化を図る。
- ・提　言：新たな課題解決の見通しや，経営ビジョンの見直しをトップ層に提言する。

※　ビジョン…………学校における組織マネジメントでは，学校の重点目標や経営の重点等を指す。
※　戦略………………効果的かつ効率的な目標達成のための具体的なプロセスを表現したものを指す。
※　経営ビジョン……本研究では，ビジョンと戦略を含めた概念として用いている。

（3）ミドル・アップダウン・マネジメントとPDCAサイクル

　ミドル・アップダウン・マネジメントは，図1-2-3に示すようにPDCAサイクルの各段階で考えていく必要があります。各段階における課題の解決が，教職員がもつ自律性を「全体最適」の方向でいかすことになり，目的共有，相互作用，価値創造という望ましい組織の変容を生み出し，学校のチーム化が進みます。

　そこで，ミドルリーダーは，以下の点に留意しながら図1-2-3に示しているミドル・アップダウン・マネジメントを展開することが大事になります[3]。

———ミドルが連携すること———
　各分掌の取組を学校の経営ビジョンが具現化されたものにするために，学校にいる複数のミドルリーダーがもっている知恵をいかし合い，必要に応じて仕事を調整し合う。

———進んでかかわること———
　個々の教職員がもつ自律性のよさを認めたり，実践に協力したりする親和的な関係を日頃から築く。

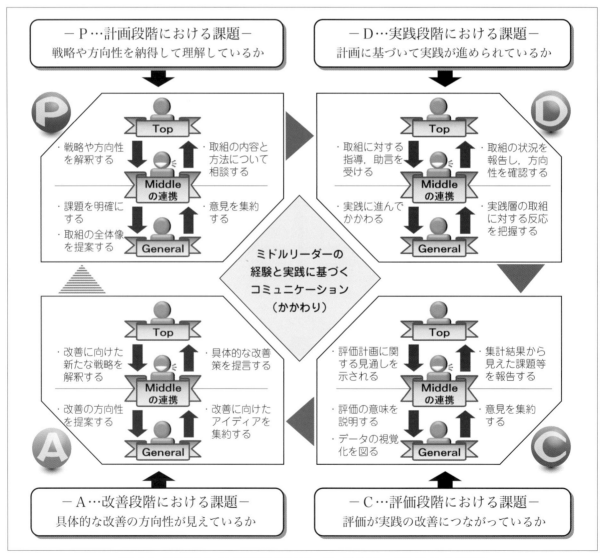

図1-2-3　PDCAサイクルにおけるミドル・アップダウン・マネジメントの展開

第2節　学校のチーム化とミドルリーダーの機能
2　ミドル・アップダウン・マネジメントにおける三つの機能について

（1）三つの機能を重視する理由

　ミドルリーダーは，「上の情報を下に，また下の情報を上に伝える丸投げメッセンジャー」になるのではなく，自分発のアイディアを創り，発信することによって学校全体の動きをつくらなければなりません[4]。つまり，ミドル・アップダウン・マネジメントを展開してトップ層と実践層をつなぎながら，PDCAサイクルによる共通実践をつくりだしていくのです。

　このことから，ミドルリーダーは，ミドル・アップダウン・マネジメントのプロセスにおいて表1-2-1に示す三つの機能を発揮することが求められます。

表1-2-1　ミドルリーダーの三つの機能とそれに伴う役割

ミドルリーダーの機能	機能に伴う役割
【リーダー的な機能】 経営ビジョンの共有化と実践化の促進	各分掌等における目標や方策の具体化と焦点化を図るとともに，共通実践の見通しを分かりやすく示す。
【マネージャー的な機能】 課題解決に向かう協働体制の構築	計画的に課題を解決したり，協働的に遂行したりすることができるようにチーム運営を工夫する。
【メンター的な機能】 教職員の資質能力向上に資する支援	若年教員を主な対象としつつ，信頼感の醸成に努力したり，学び合う環境を整備したりする。

　三つの機能を重視する理由は以下のとおりです。　※ 白抜き文字 は主に発揮される場面を示す

【リーダー的な機能】　**P** D C A

　PDCAサイクルでは，どんな課題を，どんな方策をもってという見通しや改善の方向性を提案することが必要だから。

【マネージャー的な機能】　P D **C** A

　共通実践が課題解決に向かうためには，取組の状況を確かめて修正や改善を図ったり，連携を組んだりすることが必要だから。

【メンター的な機能】　P **D** C A

　個々の教職員が共通実践に取り組み自己実現の欲求を満足させるためには，力量とモチベーションを高めることが必要だから。

（2）ミドルリーダーに求められるリーダー的な機能

校長の経営ビジョンに基づいた教育活動を具現化するために，ミドルリーダーには以下に示す「経営ビジョンの共有化と実践化を促す」機能を発揮することが求められます。

> ［共有化］……校長が示したビジョンに個々の教職員がもつ自己実現の欲求をつなぐ。
> ［実践化］……校長が示した戦略を具体化して，共通実践の見通しを提案する。

経営ビジョンの共有化と実践化を促す機能を発揮するミドル・アップダウン・マネジメントを，主にP（計画）とA（改善）の段階に位置付けることにより，

- 自分が担当する仕事の目標や内容と方法を，経営ビジョンや戦略と関連付けて考え，自分なりに「よい授業や学級経営等」を具体化しようとする。
- 「やりっぱなし」で終わらずに，実践の振り返りから見いだした新たな課題を解決するために，取組の目標と内容，方法を見直し，修正を図ろうとする。

という「全体最適」に向かう教職員の自律性が発揮されます。このことは，期待感をもって新たな教育活動を創造，開発するという学校のチーム化を進めることになります。

【リーダー的な機能を発揮する事例：A中学校の学力向上コーディネーターの取組】

A中学校では，目指す生徒像の育成に向けた指導の重点に，「問い→探究→活用を位置付けた授業の充実」をあげていた。しかし，それを意識して積極的に授業改善を図ろうとする教員の姿はあまり見られなかった。今まで積み上げてきた授業づくりをしっかり頑張ればよいではないかという意識が強かったからである。

そこで，A中学校の学力向上コーディネーターは，指導の重点に基づく学力向上プラン（七つの視点）の共有化と実践化を促すために，P（計画）の段階における以下の取組を考えた。

> ［共有化について］………「問い→探究→活用を位置付けた授業づくり」を重視した授業改善は，生徒の学びに継続性と一貫性をもたらすことになり，学力の向上に大きく作用することを丁寧に説明する。
> ［実践化について］………「問い→探究→活用を位置付けた授業」のイメージを学習過程のレベルで具体化し，七つの視点にまとめて提案する。

さらには，授業研究会や夏季研修会においても共有化と実践化を重視して内容を工夫し，同僚教員が「学力向上を目指す授業づくり」に納得，共感することができるようにした。

| 授業研究会で学力向上プランの内容から授業の成果と課題をまとめる。 | ➡ | 夏季休業中に学力向上プランの見直しを各学年部で検討する。 | ➡ | 2学期に向けて学力向上プランの内容を各教科部でさらに重点化する。 |

（3）ミドルリーダーに求められるマネージャー的な機能

　ミドルリーダーがリーダー的な機能を発揮して，経営ビジョンの共有化と実践化を図ることができたら，次は実践層を中心に共通実践の徹底を図ることができるようにします。
　このことから，ミドルリーダーには，以下に示す「課題解決に向かう協働体制を整える」というマネージャー的な機能を発揮することが求められます。

> 　経営ビジョンの実現につながる共通実践を徹底するために，状況と課題を明確に示しながら，個々の教職員がもつ知恵や力量を出し合い，いかし合う場や連携をつくる。

　上記のマネージャー的な機能を重視したミドル・アップダウン・マネジメントの展開を，主にＤ（実践）とＣ（評価）の段階に位置付けることにより，学校のチーム化につながる次のような教職員の変容を期待することができます。
・目的を共有して教育活動に取り組む意義についての理解が一層深まり，意欲的に実践する。
・ミドルリーダーがつくった場や連携以外でも積極的に他とのかかわりをもつようになる。
・課題を先送りせずに，少しでも改善することを志向するようになる。

【マネージャー的な機能を発揮する事例：Ｂ小学校の生徒指導担当教諭の取組】
　Ｂ小学校の生徒指導担当教諭は，「自分の係や委員会の仕事に進んで取り組むようにする」という今年度の重点目標を受けて，「掃除で心を磨く」という共通実践を提案し，
・全学級で年度当初に，清掃活動に関する題材で学級活動（２）を実施する。
・清掃活動への意欲を高めるような環境づくり（放送や掲示物）を工夫する。
等の取組を進めてきた。しかし，１学期間取り組んでも成果指標として設定した「時間いっぱい頑張る」「正しい仕方ですみずみまできれいにする」という子供の姿は見られなかった。そこで，生徒指導担当教諭は，２学期の指導に向けたアイディアを各学年部で出し合い，検討する場を設定した。指導の温度差をなくして，取組の徹底を図ろうとしたのである。この提案を受けて，各学年部が子供の発達の段階と実態をもとに考えた共通実践の内容は以下のとおりである（第２，６学年の内容を抜粋）。教職員が自己決定した内容と方法をいかした共通実践は，教職員同士の相互作用を促すことにも効果があった。

［第２学年部］→「誰が」「どこで」「何をする」という役割分担をさせること。
　　　　　　　→掃除のはじめと終わりの時刻を守らせること。
［第６学年部］→掃除の前に，めあて及び手順を自分たちで確認させること。
　　　　　　　→掃除への取組を振り返る場を定期的に設定すること。

| 学校運営委員会で全教職員による指導の徹底について提案する。 | → | 学年で共通に指導する内容及び方法等を自分たちで考え，決める。 | → | 全学級における丁寧な指導の継続と徹底が子供の変容につながる。 |

（4）ミドルリーダーに求められるメンター的な機能

　共通実践を徹底し，その質を高めるためには，個々の教職員がもっている知恵や力量を出し合い，いかし合うことが求められます。そこで，経験が少ない教職員には知恵を学び，力量を高める機会を提供することが大事になります。このことから，ミドルリーダーには，学校のチーム化を目指すミドル・アップダウン・マネジメントのプロセスで，「教職員の資質能力の向上に資する支援を行う」メンター的な機能を発揮することが求められます。ここでいうメンター的な機能は，企業等でも広く取り入れられているメンタリングの概念に基づいて以下のように考えます[5]。

> 　豊富な知識やスキル，経験，人脈等をもつ教職員（メンター）が，支援を必要としている教職員（メンティ）に対して，双方が合意の上で，専門的力量の向上と，チームの一員として必要な能力の獲得を支援すること。

　このようなメンター的な機能を発揮しながらミドル・アップダウン・マネジメントを展開していくことにより，集団のレベルは必然的に高まり，目的共有，相互作用，価値創造という三つの要件を満足させる集団へと変容していきます。

【メンター的な機能を発揮する事例：C小学校の研究主任の取組】

　C小学校の研究主任は，校内研修を通して，日常の授業づくりにおける悩みを抱えている若年教員が多いことに気付いた。そこで，放課後の時間を活用した「校内授業研究サークル」を企画し，以下に示すような内容の校内サークル活動を行っている。
　このことは，授業づくりを中心とする若年教員のキャリア発達に貢献するとともに，若年以外の教員にも有効に作用している。

　○　「校内授業研究サークル」の目的
　　・主題研究に関する内容に限らず，日常の授業づくりにおける課題や問題と具体的な解決方法を出し合い，授業づくりの見通しをもつことができるようにする。
　　・若年教員とベテラン教員が，授業や学級経営についての思いや考え等を自由に交流することによって，信頼・信用の関係を築くことができるようにする。

　○　「校内授業研究サークル」開催の要点
　　1　夏季休業中に，「校内研究でわからないこと」「日常の授業づくりで困っていること，悩んでいること」を自由記述式のアンケートに書いてもらう。
　　2　アンケートの内容を整理して，若年教員のニーズに対応したメニューを選定する。活動は30分間で，必要な場合は時間をとって1対1の指導をする。
　　3　指導者は主に研究主任が担当するが，メニューの内容によっては校内のベテラン教員に指導をお願いして，積極的にかかわってもらう。

　○　これまでに実施した主なメニュー
　　・算数科における多様な考えのまとめ方について
　　　→まとめ方の類型化とそれに応じた発問の具体化
　　・社会科の授業におけるノートづくりについて
　　　→3色の付箋紙を活用したノートづくりの紹介
　　・道徳の時間の基本的な学習過程について
　　　→資料の四つの活用類型に応じた発問の構成

（5）学校のチーム化とミドルリーダーの機能

　ミドルリーダーは，リーダー的，マネージャー的，メンター的な機能を発揮してミドル・アップダウン・マネジメントを展開します。そのことによって，教職員がもつ自律性を「全体最適」に向かわせ，学校のチーム化を目指します（図1-2-4）。

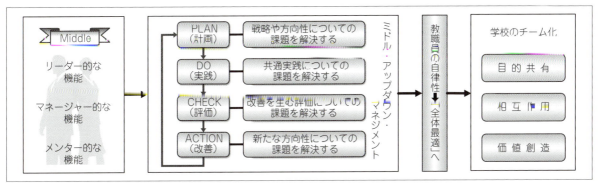

図1-2-4　学校のチーム化とミドルリーダーの三つの機能との関係

　三つの機能の具体例で示したミドルリーダーのミドル・アップダウン・マネジメントについては，学校のチーム化と三つの機能との関係を次のように整理することができます。

機　能	ミドル・アップダウン・マネジメント	自　律　性	学校のチーム化
リーダー 【A中学校】 学力向上担当	P（計画）段階で，経営の重点と教員が考えている授業像のずれを解消する働きかけをした。	学力向上プランをいかしてよい授業を…という自己実現の欲求を実現する。	「問い→探究→活用を位置付けた授業づくり」を積み上げて生徒の学力向上を目指すという目的を共有する。
マネージャー 【B小学校】 生徒指導担当	D（実践）段階で，共通実践の協働化ができていないという課題を解決する働きかけをした。	自己選択した取組の内容や方法をいかした共通実践に意欲的に取り組む。	重点目標の達成に向けた実践の課題と改善策を協議する中で，知恵や工夫を交流する相互作用が働く。
メンター 【C小学校】 校内研修担当	校内研修の活性化という課題の解決に向けて，若年教員の力量向上につながる働きかけをした。	校内研修に学びながら，よい授業を…という自己実現の欲求を実現する。	若年教員の一人一人が力量を付けていくプロセスで，校内研修における相互作用と価値創造が期待できる。

〈引用・参考文献〉
(1) 畑中大路（2015）福岡県教育センター専門研修821講座
「ミドルリーダーの学校組織マネジメント」講義資料
(2) 福岡県教育センター（2014）『学校経営15の方策』ぎょうせい
(3) 宮城県教育研修センター（2006）"みやぎの学校改善－ミドル（主任等）を中核とした教職員の協働態勢づくりを通して－"
(4) 小島弘道（2012）『講座　現代学校教育の高度化11　学校づくりとスクールミドル』学文社
(5) 中村学（2011）"授業者としての実践的指導力を高めるOJT　スクールリーダーと若年教師とのメンタリング"

第3節　学校経営感覚に基づく20の行動様式
1　優れたミドルリーダーがもつ学校経営感覚について

（1）アクション・リサーチから見えてきたこと

　学校のチーム化に貢献している優れたミドルリーダーが，リーダー的，マネージャー的，メンター的な機能を発揮して実践したミドル・アップダウン・マネジメントを，図1-3-1に示すアクション・リサーチ（以下，「AR」と記述する）の手法を用いて分析することを試みました。

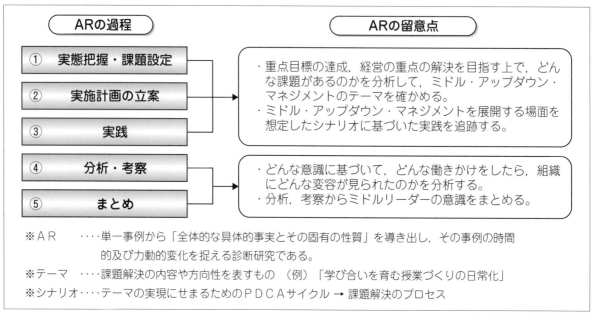

図1-3-1　ミドル・アップダウン・マネジメントの分析に生かしたアクション・リサーチ

　小学校4校，中学校3校，県立高等学校2校，特別支援学校1校のミドルリーダーを対象としたARの結果から見えてきたことは，優れたミドルリーダーは「課題解決」と「モチベーション」を常に意識しながらミドル・アップダウン・マネジメントを展開しているということです。優れたミドルリーダーがもっているこの感覚を，「学校経営感覚」として捉え，以下に示した二つの視座から整理しました。

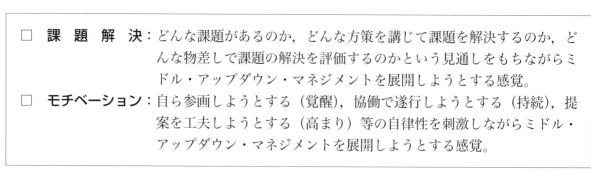

　ミドルリーダーには，リーダー的，マネージャー的，メンター的な三つの機能をどんな場面で，どのように発揮したらよいのかを的確に判断することが求められます。そこに，学校経営感覚が働くのです。このことから，次頁の表1-3-1に示す学校経営感覚を働かせて三つの機能を発揮する教職員が，優れたミドルリーダーであるといえます。

表1-3-1　学校経営感覚の要素一覧

[課題解決]	課題の見極め	トップ層が示す学校の経営ビジョンと学校の実態の照合から課題を見いだすとともに，課題の背景にある原因や状況を多面的に捉え，構造化しようとする。
	構想の視覚化	「何から手をつけたらいいのか」「どうすればうまくいくのか」を具体的に示して，課題の解決に至る道筋を全員が理解し，納得が得られるように可視化しようとする。
	課題解決への巻き込み	ミドルリーダーが自ら先頭に立って動き，課題解決の可能性を示したり，意味や価値を強化したりして，課題解決のアクションに全員が参画することができるようにする。
	モニタリング	課題の解決に向けて，誰がどんな状況で動いているのかを察知したり，チームとしてどんな動きができているのかを把握したりして，必要な支援を講じようとする。
	課題の発展	トップ層が示す学校の経営ビジョンと課題を解決したことにより変化した学校の現状の距離を的確に測り，学校改善の取組を連続，発展させようとする。
	内外の資源活用	課題解決に向けたアクションを支援するために，ミドルリーダーのネットワークを最大限に利用して，学校内外の人的，物的な資源配分の効率化を図ろうとする。
[モチベーション]	危機感の喚起	学級や学校の実態（弱み）を具体的に示し，何もアクションを起こさなかったら実態は改善されないことを理解してもらい，何をしなければならないと思うのかを問いかけようとする。
	緊張感の醸成	課題が一つ解決して士気が低下したときや，うっかりしたミスが続いたときには，課題の解決に向けた全員の意識を研ぎ澄ますことを目的として意図的に緊張した状態をもたらそうとする。
	関係の強化	一人一人に関心をもっていることや注目し期待をしていることを，紙媒体やメール等ではなく，可能な限り"face-to-face"による密な接触を通して伝えることができるような機会を設けようとする。
	手応え感の伝達	課題を解決するための取組を実践するプロセスにおいて，子供の変容や状況の変化に関する具体的な情報を提供して，貢献意欲を高めたり，見通しを強化したりしようとする。
	伸びと成長の承認	課題の解決に向けたプロセスにおいて発揮した資質能力の高まりを明確な根拠に基づいて価値付けたり，さらに創造的な実践に取り組むことを促したりしようとする。
	一体感	実践層の教諭等からの提案や提言に可能な限り肯定的な反応を示して，効果があると判断したら，積極的に汗をかいて支援したり，苦労や喜びを共有したりして自信や手応え感をもたせようとする。

（2）「課題解決」の視座を重視したミドル・アップダウン・マネジメント

> どんな課題を，どんな方策を講じて解決するのか，どんな物差しで課題の解決を評価するのかを見通してミドル・アップダウン・マネジメントを展開しようとする感覚。

ミドルリーダーは，学校のチーム化を目指して，実践層の現場感覚を大事にしながら教職員をＰＤＣＡサイクルに巻き込み，学校としての動きをつくっていかなければなりません。しかしながら，次のようなミドルリーダーの声を聞くことも少なくありません。

【ある教務主任の声　重点単元の指導の充実に取り組んでもらえない】

本年度は，「思考力・判断力・表現力を高める授業の具体化」という学校の重点目標を実現するために，算数科における重点単元の指導の充実を重視します。そこで，管理職に相談し，指導を受けた上で，年度はじめに以下のような具体的な方策を提案しました。

- 全国学力・学習状況調査及び学力テスト等の分析から，「Ａ　数と計算」「Ｄ　数量関係」について重点単元を設定すること。
- 重点単元については，問題解決的な学習による内容の理解を確実にするために，子供の実態に応じて指導方法の工夫を図ること。
- 重点単元における指導では，全国学力・学習状況調査のＢ問題と類似の活用問題を扱う時間を確保し，Ｂ問題や教科書の問題等を参考にすること。

ところが，学期末の教育課程評価では，重点単元の指導について「ほとんど達成できていない」という厳しい評価になりました。「思考力・判断力・表現力を高める授業の具体化」という重点目標を，日常の授業レベルで解釈して提案したつもりだったのですが，先生方には伝わっていなかったということでしょうか。

校長が示したビジョンに基づいて重点単元における指導の充実を図ろうとしたミドル・アップダウン・マネジメントのどこに問題があったのでしょうか。

この教務主任は，「思考力・判断力・表現力を高める授業の具体化」という学校の重点目標を実現するために，教育課程経営に関して三つの方策を提案しました。その上に立って，

- 「何から手をつけたらよいのか」が分かるような具体的な手順を示す。
- 「どうすればうまくいくのか」が分かるように，具体的な方法を示唆する。

ということまで考えて提案していたら，教員も実践に向けて動くことができたかもしれません。

つまり，課題を整理して分かりやすく示すだけでなく，課題を解決する見通しまでもたせるという意識をもつことが大事です。これが，「課題解決」の視座から捉える学校経営感覚です。

例えば，「重点単元については，問題解決的な学習による内容の理解を確実にするために，子供の実態に応じて指導方法の工夫を図ること」という提案については，図1-3-2に示すような活動構成の手順まで示すということが考えられます。

このような「課題解決」を重視してミドル・アップダウン・マネジメントを展開するのです。

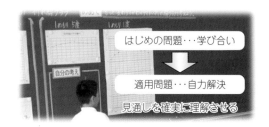

図1-3-2　課題解決の視座に立つ提案

（3）「モチベーション」の視座を重視したミドル・アップダウン・マネジメント

> 価値に納得する（覚醒），協働化を進める（持続），自ら創意工夫する（高まり）等の自律性を刺激しながらミドル・アップダウン・マネジメントを展開しようとする感覚。

研究主任として，「ユニバーサルデザインによる授業づくりの日常化」という経営の重点を踏まえた校内研究を推進しているミドルリーダーは，次のような悩みを抱えていました。

【ある研究主任の声　研修したことが日常の授業にいかされていない】

今年度は，「ユニバーサルデザインによる授業づくりの日常化」という経営の重点を踏まえて，ユニバーサルデザインによる授業づくりを中核にした研究構想を考えました。

研究構想を考えるに当たっては，指導主事に指導を受けたり，県教育センターの研究紀要を参考にしたりして分かりやすいものにすることを心掛け，以下のような「ユニバーサルデザインによる授業づくりの視点」を校内研修会で提案したのです。

- 深い教材研究に基づいて，1時間で目指す子供の姿をこれまで以上に具体化する。　［シンプル］
- 子供の理解を助け，全員が分かるようにするために，考えを絵図や動作等で視覚化するという教師の手立てを工夫する。　［ビジュアル］
- 本時でねらう内容を全員が共有することができるように，ペア活動を工夫して仕組む。　［シェア］

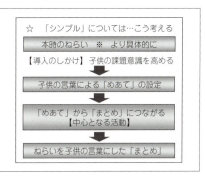

さらには，研究授業に向けた模擬授業を工夫したり，『研修だより』を配付したりして，授業づくりのイメージを具体化，共有化することを大事にしてきました。

しかし，なかなか先生方の授業は変わりませんでした。指導案にはシンプル，ビジュアル，シェアの三つの視点に基づく内容が明記されていましたが，授業後の協議会でいつも問われたのは，「今までの授業と何が違うのか」ということでした。

この研究主任は，「ユニバーサルデザインによる授業づくりの日常化」を実現するために，研究に関する提案の内容や方法をしっかり工夫していました。しかし，それぞれの教室で実践する同僚教員の自律性を刺激することまでは意識していなかったのです。

例えば，研究授業に向けた模擬授業は，研究推進委員がリードしますが，研究主任も参加します。

そこで，図1-3-3に示すように，

- まず，板書から分かる授業づくりのよさを，研究構想から価値付ける。
- 次に，授業への期待感を示しつつ，改善策を一つか二つ提案する。

図1-3-3　モチベーションの視座に立つ支援

というようなかかわり方をするのです。すると，授業者も創意工夫をするようになります。

このように「課題解決」だけでなく，教職員の「モチベーション」も意識したミドル・アップダウン・マネジメントの展開を構想することが大事です。

第3節　学校経営感覚に基づく20の行動様式
2　三つの機能から整理した20の行動様式について

（1）学校経営感覚に基づく行動様式

　学校のチーム化に貢献している優れたミドルリーダーは，「いかにして課題を解決し，教職員の自律性の発揮を促すか」という学校経営感覚をもっています。そして，その学校経営感覚に基づき，PDCAサイクルの各段階におけるミドル・アップダウン・マネジメントを展開します。つまり，リーダー的，マネージャー的，メンター的な機能を状況の変化に応じて発揮するのです。そして，それらの機能は，具体的な行動として表出され，いくつかの共通した行動様式をもっていることがARから明らかになりました（図1-3-4）。

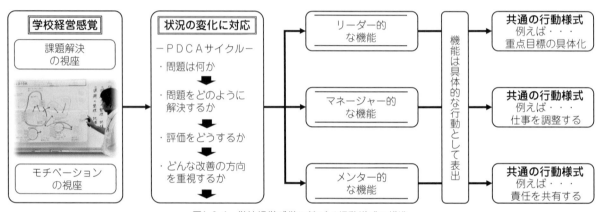

図1-3-4　学校経営感覚に基づく行動様式の構造

　例えば，ある小学校では「基礎学力の定着を図る学習指導を徹底する」という経営の重点が校長から示されました。それに対して多くの教職員の意識は，
　・今までと同じようにしていればいいよね。
　・どこまでの定着を目指せばいいの？
というものでした。このようなトップ層と実践層の意識のずれに気付いた教務主任（ARの対象）は，学校経営感覚に基づいて，今こそリーダー的な機能を発揮するべきだと判断し，管理職に相談した上で数値目標の設定を教職員に提案しました。

表1-3-2　リーダー的な機能における行動様式の具体

実施時間	評価方法	目標（評価指標）
各月末	単元末テスト	1，2，3年で，85点以上8割　4，5，6年で，80点以上8割
各学期末	学期末テスト	1，2，3，4年で，85点以上8割
年間3回	県テスト	5，6年□□地区の平均を超える
年間1回（4月）	全国・学力学習状況調査	6年全国平均，県平均を超える
学期末	児童アンケート	授業評価（3段階ABC）で，A，Bの合計が8割
各学期末	授業参観評価	授業評価（3段階ABC）で，A，Bの合計が8割
年間1回（4月）	保護者アンケート	「家庭学習の定着」9割以上

　そして，子供の実態を踏まえているか，教職員の努力によって十分に達成可能かという観点から協議して数値目標（表1-3-2）を設定し，取組の「共有化」と「実践化」を図ろうとしました。
　以上のようなARから帰納的に見いだしたのが，以下に示している「重点目標や経営の重点を具体化する」というリーダー的な機能に共通する行動様式です。

> 　PDCAサイクルの主にP（計画）の段階において，重点目標や経営の重点を解釈し，全教職員が共有できるように，児童生徒の能力や態度，教職員の行動として明文化する。

　ARに基づく同様の手法を用いて，リーダー的，マネージャー的，メンター的な機能における行動様式を明らかにしました。それが，「学校経営感覚に基づく20の行動様式」です。

（2）三つの機能から整理した20の行動様式

図1-3-5は，ＰＤＣＡサイクルとリーダー的，マネージャー的，メンター的な機能との関係から，「学校経営感覚に基づく２０の行動様式」の分類を示したものです。

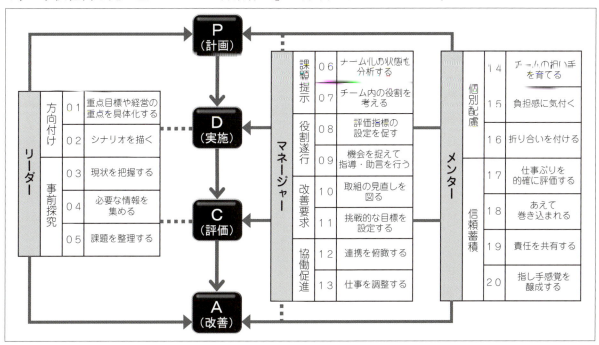

図1-3-5　学校経営感覚に基づく２０の行動様式

また，三つの機能における具体的な行動様式は，以下の視点から整理しました。

リーダー的な機能における行動様式	□　方向付け：経営ビジョンの共有化と実践化に関する内容 □　事前探究：方向付けに必要な情報収集と課題設定に関する内容
マネージャー的な機能における行動様式	□　課題提示：各分掌等における協働体制の整備に関する内容 □　役割遂行：協働体制をいかした課題解決の遂行に関する内容 □　改善要求：課題解決の徹底と連続発展に関する内容 □　協働推進：機能的，効率的な課題解決の実現に関する内容
メンター的な機能における行動様式	□　個別配慮：個々の教職員の資質能力向上に関する内容 □　信頼蓄積：個々の教職員との信頼関係の構築に関する内容

　２０の行動様式を用いながら，ミドル・アップダウン・マネジメントを展開することが，ミドルリーダーにとっては大事です。なぜならば，２０の行動様式を用いながらミドル・アップダウン・マネジメントを展開することにより，「課題解決」と「モチベーション」の視座から捉える学校経営感覚が身に付き，磨かれるからです（図1-3-6）。
　ここに，学校経営感覚に基づく２０の行動様式を明らかにした意義があります。

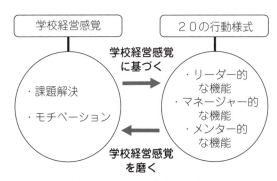

図1-3-6　学校経営感覚と行動様式の関係

Chapter 2

第2章

学校経営感覚に基づく20の行動様式

課題解決とモチベーションの視座から整理した学校経営感覚に基づく三つの機能,すなわち,
- ■リーダー的な機能
- ■マネージャー的な機能
- ■メンター的な機能

における具体的な行動様式を明らかにしました。
ミドルリーダーに求められる「20の行動様式」です。

1　本章の内容について

　第2章では，以下の項目を設定して，ミドルリーダーによるミドル・アップダウン・マネジメントの質を高める「学校経営感覚に基づく20の行動様式」を具体的に説明しています。

> ～　行動様式03「現状を把握する」を例に　～
> - □　「現状を把握する」という意味を説明しています。
> - □　「現状を把握する」ための具体的な手順を示しています。
>   ※　行動様式の内容によっては，意味の説明で用いた用語の解説，行動様式をいかす場面，行動様式をいかす意義等を示しています。

　経営ビジョンの具現化に貢献している県下の優れたミドルリーダーは，「どんな課題を，どのように解決するか」「いかにして教職員のモチベーションを高めるか」という視座を常に意識しています。これが学校経営感覚です。そして，その学校経営感覚に基づいて，リーダー的，マネージャー的，メンター的な機能を発揮しながら，PDCAサイクルの各段階における質の高いミドル・アップダウン・マネジメントを展開しています。

　そのような優れたミドルリーダーが発揮したリーダー的，マネージャー的，メンター的な機能を具体的な行動として整理したものが，「学校経営感覚に基づく20の行動様式」です。

　したがって，本章で紹介している20の行動様式を学び，自校の経営ビジョンの具現化につながるミドル・アップダウン・マネジメントにいかすことが，課題解決とモチベーションの視座から捉える学校経営感覚を身に付けることになるのです。

2　本章の読み方について

　そこで，本章の効果的な読み方として，次頁に記載している「ミドルリーダーに求められる20の行動様式チェックリスト」を活用する手順を以下に示します。

> 1　「ミドルリーダーに求められる20の行動様式チェックリスト」を使って，今までのミドル・アップダウン・マネジメントの実践を振り返り，どの行動様式に課題があるのかを確かめる。
>   ※　4件法で，20の行動様式すべてについてチェックしてみましょう。
> 2　課題を自覚した行動様式の頁をめくって，その行動様式の意味，具体的な手順を確かめる。
>   ※　ここまでの学習を基にして実践することもできますが，さらに，手順3に進むことで，実践のイメージを膨らませることができます。
> 3　課題を自覚した行動様式を取り上げている事例を第3章で検索します。第3章には，PDCAサイクルにおけるミドル・アップダウン・マネジメントの具体的な事例を記載しています。
>   ※　該当する行動様式を第3章で検索する際は，目次の頁を参照します。
>   　（第3章では取り上げていない行動様式もあります）

第2章　学校経営感覚に基づく２０の行動様式

ミドルリーダーに求められる２０の行動様式チェックリスト

回答は，「４：とてもしている」「３：している」「２：あまりしていない」「１：していない」から選択する。

機能		番号	行動様式	設問内容	4	3	2	1
リーダー的な機能	方向付け	01	重点目標や経営の重点を具体化する	校長が示した重点目標や経営の重点（以下，経営ビジョン）の内容を解釈して，具体的な数値や行動レベルで共有化している。				
		02	シナリオを描く	自分の仕事に関して，経営ビジョンと教職員をつなぐために，「何を」「どんな方法で」「どの程度まで」するのかを具体化して示している。				
	事前探究	03	現状を把握する	課題をよりよく解決するために，児童生徒と教職員の様子（経営ビジョンで目指す児童生徒の姿，教師像と現在の姿の差）を把握している。				
		04	必要な情報を集める	現状の把握に基づいて目標や重点を具体化したり，シナリオを描く際に必要な情報を入手するために，日常的にアンテナを張っている。				
		05	課題を整理する	どの課題から取り組むことが効果的なのかを判断して，その課題の解決につながる具体的な方策（共通実践の内容）まで考えている。				
マネージャー的な機能	課題提示	06	チーム化の状態を分析する	共通の目的を意識しているか，相互作用が働き，創造性のある協働的な取組ができているかという視点から集団の状態を捉えている。				
		07	チーム内の役割を考える	個々の教職員の性格や能力等に着目して必要な役目の割当てを考え，組織としての協働性や仕事の効率を高めている。				
	役割遂行	08	評価指標の設定を促す	実践が目標に向かっているのかを適宜振り返ることができるように，どのように頑張り，どこまで高めるのかという指標を設定させている。				
		09	機会を捉えて指導・助言を行う	教職員の経営ビジョンの実現を目指した教育活動の進捗状況を把握し，適切なタイミングを逃さずに，前向きな示唆や必要な情報を提供している。				
	改善要求	10	取組の見直しを図る	年度当初や学期の始めに確認した取組の状況を途中で評価して，必要に応じて取組の内容や方法に改善を加えている。				
		11	挑戦的な目標を設定する	「このままでよいのか」という危機感を刺激して，教職員の能力をフルに引き出せるような「より努力を要する難度の高い目標」を設定している。				
	協働促進	12	連携を俯瞰する	各組織（ミドルリーダー）の仕事内容及び相互の関連を把握し，どんな連携ができるのかを考えて，組織の全体像を明らかにしている。				
		13	仕事を調整する	活動が停滞しないように，各組織（教職員）が担当している仕事の内容や量，進捗状況を確認し合い，具体的な連携の工夫を考えている。				
メンター的な機能	個別配慮	14	チームの担い手を育てる	必要な役割や機会を与えて，教職員の職務遂行能力，プロジェクト遂行能力，対人関係能力，使命感や責任感等を高めることを常に考えている。				
		15	負担感に気付く	表に出る多忙感や疲労感だけでなく，内面に抱えている不安や心配，焦り等に気付く努力をするとともに，積極的に支援することを心掛けている。				
		16	折り合いを付ける	ミドルリーダーと教職員がもっている目標や内容のすりあわせを行い，全員のモチベーションが損なわれないような合意点の調整に努めている。				
	信頼蓄積	17	仕事ぶりを的確に評価する	教職員の仕事ぶりを，「共通の目的に向かう」「相互作用を活性化する」「新たな取組を創造する」という視点から価値付けている。				
		18	あえて巻き込まれる	教職員に仕事を任せたら，進捗状況を見守り，行き詰まっているときには，さりげなくかかわって必要な支援をしている。				
		19	責任を共有する	担当者が責任をもって仕事を遂行，完了することができるように支援して，主体的，創造的な取組を促している。				
		20	指し手感覚を醸成する	「やらされ感」からではなく，自分の意志に基づいて仕事をしているという感覚をもたせるようなコミュニケーションの工夫を心掛けている。				

行動様式　01　重点目標や経営の重点を具体化する

[リーダー的な機能　方向付け(1)]

行動様式　01　重点目標や経営の重点を具体化する

【重点目標や経営の重点を具体化する】とは，重点目標や経営の重点を解釈し，全教職員が共有できるように，児童生徒の能力や態度，教職員の行動として明文化することです。

ミドルリーダーは，校長の意向を十分に理解し，重点目標や経営の重点に示された目指す子供の姿や総括的な目標内容及び方法等を，担当する仕事に関連させる必要があります。

例えば，図2-1-1に示すように目標「学力向上」は総括的でどのような態度や能力を向上させるかが具体的に示されていません。そのため，「意欲を高めること」「言語活動を重視して思考力を高めること」のように，同じ目標なのに教職員が違った解釈をしてしまいます。しかし，目標「自分の考えをもち，分かりやすく表現できる児童の育成」では，目指す子供の姿や能力がより具体的に教職員に理解されます。また，目標を具体化することで，教職員が自分で目標到達しようとする自発的行動を促進し，効果的な方法の優先順位決定も行いやすくなります。

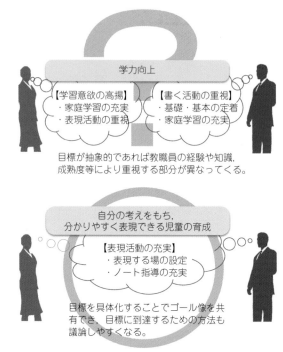

図2-1-1　目標認識の差異

ミドルリーダーは，教育課程編成方針，各校務分掌運営構想，学力向上プラン等を作成します。その際に，重点目標や経営の重点を踏まえて子供の姿や方法等を具体的に表現することが望まれます。目標の具体化を通して，様々な教育活動・組織活動が同じゴールへ向かう協働作業を生み出します。表2-1-1に，目標を具体化する場面と具体化する方法の例を示します。具体化された目標は，目標達成度を評価する指標づくりを容易にすることにもつながります。

表2-1-1　重点目標や経営の重点を具体化する場面・方法・ミドルリーダー

具体化する場面	具体化する方法（例）	具体化するミドルリーダー
○　教育課程編成方針	重点目標を子供の姿，能力，態度で表す。数値化して表す。	主幹教諭，各主任，主事等
○　教務・各分掌の運営構想 ○　学年経営案	担当した校務分掌・学年の目標を行動として表す。	各分掌主任等
○　学力向上プラン ○　体力向上プラン	目指す学力・体力目標を子供の姿，能力，態度，数値で表す。	学力向上コーディネーター等
○　校内研修計画	授業の工夫改善目標を授業で目指す子供の姿や能力，態度で表す。	研究主任等
○　各運営構想，計画，プラン	取組スケジュール目標を明示する。	各主任，各主事等

ポイント1：重点目標・経営の重点と自分の仕事の目標を関連させましょう

　学校の教育目標から，重点目標や経営の重点は設定されます。しかし，これらの内容を全教職員が共通理解しているとは限りません。まずはミドルリーダー自身が児童生徒・教職員の「何を」「どのレベルまで」高めようとしているかを考えることが目標の具体化の第一歩です。したがって，ミドルリーダーは，上位の重点目標・経営の重点の達成が自分の仕事の目的になるように設定して，目的と手段を関連させます[1]。

ポイント2：取組を絞り込んで重点目標の達成に迫りましょう

　重点目標・経営の重点達成のためには，教育課程編成方針や教務・分掌の運営構想が学年・学級経営案等へと教室の授業レベルに近づくにつれ，取り組む方法も重点化されて，より効果的・効率的な方法へと絞り込まれる必要があります。重点目標が「自分の考えをもち，分かりやすく表現できる児童の育成」の場合，各学級の取組は「朝に１分間スピーチを行う」「国語と算数の授業で自分の考えを書く時間を設定する」等が考えられます。このような過程を通して各教職員の取組が，重点目標へと近づく手段であることを全員が理解できるようにします。

ポイント3：取組の内容・方法をスケジュール化して明示しましょう

　重点目標・経営の重点達成のための取組内容と方法をスケジュール化することで，組織は初めて動き出します。スケジュール化にあたっては，「どのようなねらいで」「どのような機会に」「いつ・いつまでに」「誰が・誰と」「何を」「どのように・どの程度」行うかを計画段階で明らかにします。このことでメンバーは自分の動きを具体的にイメージでき，取組を実働させることができます。また，具体的な行動計画を示すことで，仕事の進捗状況の管理・運営が可能になり，目標達成の確率も高めることができます。

　以下に，ポイント２を踏まえた具体例を示します。

　Ａ小学校の重点目標は「自分の考えをもち，分かりやすく表現できる児童の育成」です。はじめに，学力向上コーディネーターは，各学年で重点目標達成を踏まえた自学年の児童の目指す姿を検討してもらいました。第３学年は，「友達と自分の考えの共通点・差異点を明確にして，自分の考えを文章化できる」を設定しました。次に，目指す姿を達成する複数の方策を学年の全教員に考えてもらいました。そして，最も効果的と思われる方法，その方策を実践する教科等の単元を決定するとともに，児童が文章化する際に手本として活用できる文例集を作成することにしました。こうして，第３学年の教員は，自学年のすべき取組がどのような目的に向かって行われるかを理解し，納得して実践を進めました。

【重点目標や経営の重点を具体化する】「課題の見極め」（課題解決の視座），「一体感」（モチベーションの視座）といった学校経営感覚に基づいた行動様式です。

〈参考文献〉　(1)　福岡県教育センター（2014）『学校経営15の方策』ぎょうせい

行動様式 02 シナリオを描く

[リーダー的な機能　方向付け(2)]

行動様式　02　シナリオを描く

【シナリオを描く】とは，校長が提示した経営ビジョンの実現を可能にする共通実践の見通しを明らかにし，それをすべての教職員で共有するために，具体的な取組の内容や方法を可視化した計画を考えることです。

ミドルリーダーに等しく求められるリーダー的な機能を端的に表すと，「校長が提示した経営ビジョンと教職員の取組をつなぐ」ということになります。すなわち，教職員が日々発揮している地道な努力を，校長が提示した経営ビジョンの実現に向かって発揮させるということです。

校長の経営ビジョンは，一般的には方針（方向性）という形で示されるので，取り組む内容や方法を具体化する必要があります。そこで，ミドルリーダーは，教職員がもつ勤勉性や専門性をいかしつつ，経営ビジョンの実現を可能にする共通実践を考えるのです。

また，学校組織については，「個々の教職員による意思決定が優先されて，組織レベルで行う業務よりも学級等の日常的業務が重視される」という指摘が多くみられます。ミドルリーダーには，この問題を解決してチーム化を推進する，言い換えれば「目的共有」「相互作用」「価値創造」を組織にもたらすことが求められます。

以上のことから，「校長が提示した経営ビジョンと教職員の取組をつなぐ」ためには，すべての教職員で共有することができる共通実践の内容と方法の具体化を最優先で考えなければなりません。それが，ここでいうシナリオです。したがって，シナリオには，「誰が，何を，どのような方法で，どの程度まで（重点），いつまで」取り組むのかを示すことが必要です。

例えば，「思考力，判断力，表現力を育む授業づくりの具体化を図る」という経営ビジョンの実現に向けて，教育課程経営を担う教務主任は以下のシナリオを考えるのです（図2-2-1）。

○　何をするのか？
　→国語科における思考力，表現力を育む
○　どのようにするのか？
　→読みを高める交流活動を積み上げて
○　共通実践の重点は？いつまで？
　→1学期：ノートを見ながら発表する
　→2学期：友達につないで発表する
　→3学期：読み方を意識して発表する

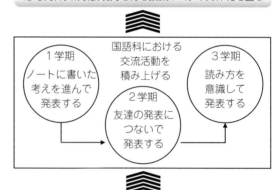

図2-2-1　経営ビジョンの実現に向けたシナリオのイメージ

つまり，この教務主任は，教員が地道に取り組んでいる授業づくりの工夫を，経営ビジョンの実現にいかすために，共通実践の内容を「交流活動の積み上げ」に焦点化するとともに，具体化のプロセスを1学期→2学期→3学期という年間を見通したスパンで考えたということです。

このようなシナリオを教職員に示すことによって，経営ビジョンを意識した教育活動が日常化するとともに，勤勉性や専門性を発揮する方向（上記の例では「国語科における交流活動の積み上げ」）がそろい，学級や教科等を越えた知恵や工夫の共有が可能になるのです。

ポイント1：まず，管理職に提言しましょう

どんなによいシナリオを示しても，全教職員の理解がすぐに得られるということはめったにありません。話合いを繰り返しながら丁寧にシナリオの価値を説明していくことが必要になります。その際，シナリオの意味付けや価値付けといった管理職の後ろ盾が得られると説得が容易になるということも考えておきましょう。そのためには，経営ビジョンに基づいたシナリオだとしても，それをまず管理職に提案して同意を得るということを忘れないようにしなければなりません。

ポイント2：教職員の実践をいかしながら具体化しましょう

シナリオの作成にあたっては，新たな取組を一人であれこれ考え込まないで，これまでに効果があった教職員の実践を全体に広げるということも考えましょう。そのことで，教職員が地道に取り組んできた努力や専門性がいかされるし，既に効果が明らかになっている実践なので，経営ビジョンの実現に大きく前進する可能性も高くなるからです。また，それだけではなく，自分の実践がいかされた教職員のモチベーションを刺激するとともに，取組を進めるにあたっては重要な役割を任せる（巻き込む）ことも可能になります。

ポイント3：柔軟性をもった運用を心掛けましょう

全教職員の理解が得られても，シナリオどおりに教育活動が展開するわけではありません。共通実践を進めていく過程で新たな課題が生じたり，他のシナリオと重複したりすることは十分に考えられることです。そういう場合は，シナリオの内容やプロセスを柔軟に変更することも視野に入れておきましょう。例えば，1学期の重点だった「めあてづくり」の実践の評価が不十分であれば，2学期に再度，「めあてづくり」についてのシナリオを提案することを考えましょう。

以下に，ポイント3を踏まえた具体例を示します。

B小学校の生徒指導担当者は，子供に自己有用感をもたせることを目的として，学級活動を充実させるシナリオを提案しましたが，1学期の取組では，「指示しないと動かない」という課題が明らかになりました。

そこで，教室環境づくりに焦点化したシナリオを新たに考えて提案しました。2学期には，どの学級にも右のような学級会コーナー（図2-2-2）が設置され，学級会の活動過程を意識して自主的に活動する子供の姿が少しずつ見られるようになりました。

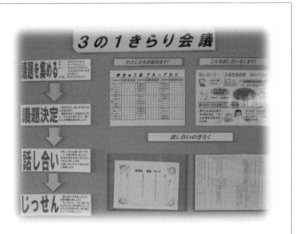

図2-2-2　子供が主体的に動く教室環境（学級活動）

【シナリオを描く】「構想の視覚化」「課題解決への巻き込み」（課題解決の視座），「危機感の喚起」（モチベーションの視座）といった学校経営感覚に基づいた行動様式です。

行動様式　03　現状を把握する

[リーダー的な機能　事前探究(1)]

行動様式　03　現状を把握する

【現状を把握する】とは，学校の教育目標で目指す子供の姿・教職員の姿と，現在の姿の差を問題として客観的に知ることです。

学校の教育目標で目指す子供の姿や教職員の姿と，現在の姿の差を問題として客観的に知る理由は，子供や教職員等の問題から解決すべき課題を明らかにし，戦略的な解決策づくりを行うためです。現状の把握は，「問題の発見」→「問題の明確化」→「問題の構造化」の手順で行い，次の課題生成へと進めます[1]。

1　問題の発見

現状を客観的に捉えるためには，図2-3-1に示すように，目標としているあるべき姿，望ましい能力・態度・状態のレベル項目を数値化したデータで比較し，その差を問題として考えます。

子供の問題を発見する際は，全国学力・学習状況調査，種々の学力テスト，生活アンケート等を用いて現状を数値化して表し，目指す姿との差を発見して問題とします。

教職員の問題を発見する際は，学校評価に

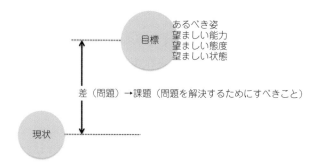

図2-3-1　目標の現状との差

おける教職員の評価，経営診断等の情報ツールの中から，目標達成に関連する項目を選択して数値化します。数値化できない仕事の状況や資質能力は，アンケートやＳＷＯＴ分析等を用いて明文化し，目指す姿との差を発見し問題とします。

2　問題の明確化

発見した問題は，分類します。例えば，「どの能力に大きな差があるか」「どの行動がどの程度できていないか」「どの習慣が身に付いていないか」「どの技能が身に付いていないか」等のように，問題をどの教職員も理解できるように明文化しながら，複数の問題を分類して区別し，明確にします。

3　問題の構造化

明確化された複数の問題の全体を把握したら，関連する問題をつないだり，問題間の関係を分かりやすく整理したりして構造化します。明確化された複数の問題は，連鎖していたり，相互に関連していたりします。例えば，子供が見通しをもてない問題は，既習内容が定着していないために課題解決の方法が考えられない，課題そのものが子供に明確に捉えられていない等のマイナスのスパイラル（負の循環）によって，発生していることなどが考えられます。問題の構造化は，問題を書いた付箋紙をＫＪ法等の手法を用いることで効率的に行うことができます。

以上のようにして自校の問題を把握することができたら，どの問題から解決することが目指す姿の実現に大きく影響するかを検討し，教職員が解決すべき課題を生成します。

ポイント1：数値化した現状を整理して提示しましょう

問題の発見のためには，数値化した現状データを，問題として認識しやすいように整理して教職員に提示し，分かりやすい情報を提供する必要があります。数値化した子供の態度や能力の現状を整理する例を以下に紹介します。

○ 関心・意欲，知識・技能，思考力・判断力・表現力等の能力や態度別で整理する。
○ 教科の内容にかかわる分野別で整理する。さらに，これらの数値を比較したり，傾向を把握したりできるように整理する。
○ 学力テスト結果を全国平均や県平均，期待正答率等と比較して整理する。
○ 経年比較などの時間軸（横軸）で整理する。
○ 教科・学年・学級比較等の集団別（横軸）で整理する。
○ 集団のばらつき（度数分布図：ヒストグラム）で整理する

ポイント2：日常的観察などによる現状も整理して提示しましょう

問題発見のためには，数値化された定量的な現状を客観的に判断するだけでなく，教職員の危機感，子供の雰囲気や文化等，数値では測れない現状も整理して提示することが大切です。そのためには，日頃から積極的に校内巡視や授業参観を行ったり，子供の様子や教職員の動きなどを観察したりして，校内の雰囲気を把握するように心掛けましょう。観察というと主観的なものと思われがちですが，教職経験で培われた自身の感性や感覚を信じることが大切です。

ポイント3：問題の明確化は問題が発生している要因を考えながら行いましょう

問題を明確化するために，抽象的な表現でなく，具体的な文言で表現しましょう。例えば，子供の「私語が多い」「集中して考えられない」という問題を表現する場合，抽象的な「意欲がない」という表現では不十分です。問題の原因を考え，例えば「解決の見通しが立てられない」「コミュニケーションの方法が身に付いていない」のように問題を分類し，改善する指導方法を生み出す具体的な文言で表現することで，教員が解決すべき課題の生成へとつなげることができます。

以下に，ポイント1を踏まえた具体例を示します。

C中学校の学力向上コーディネーターは，学力の問題を明らかにするため，学力テスト結果を整理しました。はじめに，各学年の教科別データを領域・分野別に整理し，昨年のデータと比較できるようにグラフ化しました。次に，教科別会議でグラフ化した結果を基に分析してもらい，年間指導の重点単元を検討してもらいました。また，期待正答値に対する生徒の分布状態を把握できるようにヒストグラムを作成し，自校の学力状況がすでに二極化している問題を教職員が，把握できるようにしました。

【現状を把握する】「課題の見極め」（課題解決の視座），「危機感の喚起」（モチベーションの視座）といった学校経営感覚に基づいた行動様式です。

〈参考文献〉　(1)　木岡一明（2012）"平成24年度　県立学校等10年経験者研修会"配付資料

[リーダー的な機能　事前探究(3)]

行動様式　05　課題を整理する

【課題を整理する】とは，経営ビジョンの実現を困難にしている複数の課題の重み付けを考え，課題の解決につながる具体的な方策（共通実践の内容）を見いだすことです。

チーム化に必要なのは，教職員が取組の意義に納得し，足並みをそろえて実践することです。そのためには，何を優先して行うのかを協議することが大事です。以下にその手順を示します。

1　要因から課題を探ること

子供及び教職員の現状を把握したら，それを複眼的，構造的に分析することが必要です。例えば，学力向上の取組について，「全校共通で設定した学習規律がなかなか定着しない」という現状を複眼的，構造的に分析すると，以下の複数の要因（破線囲み）が明らかになります。

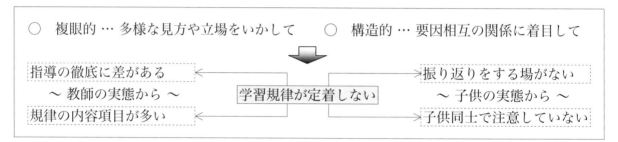

上の例のように，一つの現状の背景には複数の要因が関係しています。当然，要因とは裏表の関係になる課題も複数になります。そこで，それらの課題については重み付けを考えるのです。

2　課題の重み付けを考える

どの課題から取り組むと一番効果があるのかという重み付けは，以下のような視点を重視した協議を通して判断します（（1）→（2）→（3）の順で）。

（1）緊急性 ‥‥ 経営ビジョンの実現を図る上で緊急な改善を必要とする課題か
（2）方向性 ‥‥ 取組の改善となる実践のイメージを共有することができる課題か
（3）実効性 ‥‥ 取組の改善の有効性を具体的な子供の姿で確かめられる課題か

3　具体的な方策を見いだす

「整理する」には，「乱れたものを秩序正しくして物事がうまくいくようにする」という意味があります。この意味に当てはめて，重み付けをした課題の解決につながる具体的な方策を考えましょう。例えば，図2-5-1に示す解決策検討シート等を用いて，「効果があるか」「容易に着手できるか」「協働できるか」等の観点から検討して，方策を見いだすのです。

課題解決の見通しを共有することは，教職員を経営ビジョンの実現に巻き込む第一歩です。

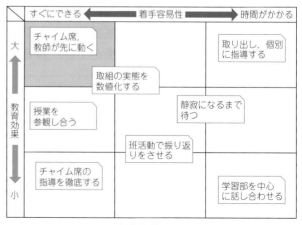

図2-5-1　解決策検討シートの活用

ポイント１：課題の掘り起こしや解決方法の検討にはワークショップ研修をいかしましょう

　経営ビジョンの実現を困難にしている要因の分析や，分析に基づく課題の掘り起こしや解決策の検討は，ミドルリーダーが一人で考えるということではありません。教職員全員で考えることが大事なのです。共に課題を考えたり，その効果を学校内外の状況を踏まえながら検討したりするプロセスで，教職員の参画意識や協働意識を高めていくことができるからです。

　そのための一つの方法として，ワークショップ研修を行うことが有効です。図2-5-1に示した解決策検討シートの他にも概念化シート（図2-5-2）やランキングシート等を活用しながら，課題に関する情報をみんなで操作する場を設定しましょう。そして，最後には，ミドルリーダーがワークショップ研修の内容をきちんとまとめて，課題の焦点化や方策の具体化を確認し合うようにしましょう。

図2-5-2　授業づくりの課題を見いだす概念化シート

　「一人が頑張るのではなく，みんなの力で実践を創る」という組織文化を醸成するのです。

ポイント２：課題への取組は時間軸で検討しましょう

　課題の重み付けは，「緊急性」「方向性」「実効性」という視点から考えますが，もう一つ「時間軸にのせて考える」ということも重視しましょう。すなわち，忙しい時期に多くの課題の解決を目指そうとして，教職員の力量以上の実践を求めることがないようにするということです。例えば，運動会（体育祭）の時期に，新たな授業づくりに取り組もうとしても，教職員の参画意識や協働意識はあまり期待できません。学校全体の動きを見通して重み付けを検討しましょう。

　以下に，ポイント１を踏まえた具体例を示します。

　ある小学校では「仕事に進んで取り組む子供を育てる」という重点目標を達成するために「掃除で心を磨く」を合い言葉にした共通実践に取り組みました。しかし実態は，心を磨くにはほど遠い状態でした。そこで，生徒指導担当教諭は，子供の現状を学年ごとに協議する場を設定し，課題を複眼的，構造的に捉えさせようとしました。すると，どの学年にも共通する「共通の物差しで指導を徹底することができていない」という課題が明らかになったので，学年ごとに今後の指導の見通しについて話し合うということになりました。

　その結果，学年ごとに重点指導内容が決まり（図2-5-3），掃除に取り組む子供の姿にも変容が見られました。みんなの力で価値ある実践（挑戦）を創ることができた事例です。

清掃活動における第２学年の重点指導内容
① 自分の場所の掃除を最後までしっかりさせる
② 掃除始めと終わりの時刻を守らせる
③ 掃除時間は一人一役を徹底させる
④ 片付けを確認して終わりの挨拶をさせる

図2-5-3　学年ごとに重み付けを考えた指導内容

【課題を整理する】「課題の見極め」「課題の発展」（課題解決の視座），「危機感の喚起」「一体感」（モチベーションの視座）といった学校経営感覚に基づいた行動様式です。

行動様式　06　チーム化の状態を分析する

[マネージャー的な機能　課題提示(1)]

行動様式　06　チーム化の状態を分析する

【チーム化の状態を分析する】とは，集団内の教育力を最大限に発揮させるため，集団の状態をチーム化の要件「目的共有」「相互作用」「価値創造」から分析することです。

チームとは，課題解決・目標達成に向けた教育活動をともに行う集団です。集団でなく，チームという言葉が使われる背景には，チームが一人一人のもつ知識，能力，経験の交流による相乗効果を期待し，成果についても一人一人の教育力の総和以上のものが生み出されることが期待されているからです。集団がチームに変容する要件は，表2-6-1に示す「目的共有」「相互作用」「価値創造」の三つでとらえます。

表2-6-1　集団がチームに変容する要件と様相

チーム化の要件	集団変容の様相：集団はどのように変わるか
目的共有	子供や組織の実態に基づく学校の課題及び解決の方策を自己実現の欲求とつないで理解し，日々の教育活動における共通実践を重視するようになる。
相互作用	課題解決に向けて積極的にコミュニケーションを図る中で，専門性を高め合ったり，困難な状況で支え合ったりして，仕事の協働化を推進するようになる。
価値創造	形式や習慣に左右されず，実態や課題に対応した本質で未来志向的な発想や変革が重視され，新たな挑戦に対しては抵抗感よりも期待感をもつようになる。

集団は，図2-6-1に示す「課題の具体化・焦点化」「実践の協働化・特色化」「成果と課題の共有化」を図る課題解決の過程で，集団内の「目的共有」をより強め，集団内のメンバー間で「相互作用」を起こし，一人ではできない「価値創造」に向かう課題解決の好循環が期待されています。

そこで集団内のミドルリーダーは，集団を3要件から分析し，集団の状態を表2-6-2に示したレベルで捉えます。課題解決の過程の中で，各要件のレベルを高めることで集団をチームへと変化させます。レベル3の全内容を満たせば，集団がチームになったといえます。

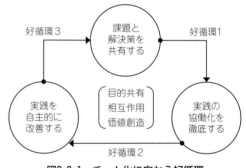

図2-6-1　チーム化に向かう好循環

表2-6-2　集団の状態の高まり

	レベル1	レベル2	レベル3
目的共有	集団の課題・方策が共有されていない。	集団の課題・方策が共有されている。	当初の課題解決に加え，実施過程で発生した課題・方策も共有されている。
相互作用	メンバーによる実践内容や方法の話合いがなく，仕事差が大きい。	実践や状況を交流し，方策や課題を共有して改善を図ろうとする。	学級や分掌を超えた連携や情報の共有に基づく協働がスタンダードになり，各メンバーの力量も高まる。
価値創造	実践内容や方法が前年踏襲で，仕事の目的や質は問われない。	必要に応じた報告・連絡・相談はあるが，積極的な発信・交流はない。	新たな発想や改善案について積極的に発信・交流することが盛んになり，特色ある取組の開発に挑戦する。

ポイント1：目的共有は，メンバーの理解と納得が生まれているかで分析しましょう

「目的共有」は，チーム化の基礎となる要件です。この要件が不十分では，個々のメンバーが自分だけの目標に向かって努力するため，集団としての成果は得られません。目的共有の状態は，「子供のこんな問題解決のために」「こんなことができる子供に」「そのために教師はこの方法を」等の目標に対する理解と，「何のためにそれを行うのか」という方策に対する納得が得られているかで分析します。目的共有の状況をメンバーに直接アンケート等で聞く方法も考えられますが，仕事が停滞していたり，メンバーの意欲が低かったりする場合には，理解と納得が得られていないことが十分に考えられます。

ポイント2：相互作用は，協力，自分の役割を広げる等の共同作業で分析しましょう

「相互作用」は，主に教育活動や課題解決が進んでいる中で判断する要件です。相互作用の状態は，各メンバーが自分の役割の仕事だけを行うのではなく，他人の仕事に協力したり，自分の役割を広げたりしているかで分析します。相互作用が低い場合は，教育活動や課題解決が計画どおり進んでいても，ミドルリーダーが率先して集団のコミュニケーション場面を通して共同作業の必要性を伝えることが大切です。そして，メンバーが他人の役割に協力したり，自分の役割を広げたりしたことの効果を集団の中で認めていくことも大切です。

ポイント3：価値創造は，問題を集団の力で解決しているかで分析しましょう

「価値創造」は，解決方法の案出，問題発生時に新しいアイディアを創出できているかどうかで判断する要件です。「価値創造」の状態は，メンバー間の知的な交流を通して英知を結集した結果，斬新な発想や新たな改善策が生まれているかで分析します。変えることにはエネルギーを伴いますが，変革を加速させ，集団の自律性を高める意識をミドルリーダー自身がもち，お互いに新しい方策を提案したり求めたりして，変化を心掛けます。よい仕事をするためには，個人では限界があることを肝に銘じておきましょう。

以下に，ポイント1を踏まえた具体例を示します。

> F中学校の学力向上コーディネーターであるA指導教諭は，1学期の各教科における学力向上方策の取組状況に差異がある現状を把握しました。そこで，A指導教諭は，1学期末の学力向上研修会にワークショップを取り入れ，全教員で取組方法の再検討を行えるようにしました。この研修会の中で，教員は1学期の教科指導の中で教職員が感じている「子供の問題」を再確認しながら構造化し，2学期に「問題解決するために教員が解決すべき課題」を生成し，「学力向上方策の修正案」を自己決定できるようにしました。そして，お互いが「学力向上の方策」を具体化するためにどのような役割をすべきかを明文化することで，集団のレベルアップを図りました。

【チーム化の状態を分析する】「モニタリング」（課題解決の視座），「関係の強化」（モチベーションの視座）といった学校経営感覚に基づいた行動様式です。

行動様式 07 チーム内の役割を考える

[マネージャー的な機能　課題提示(2)]

行動様式　07　　チーム内の役割を考える

【チーム内の役割を考える】とは，各メンバーの性格特性，能力の強みを捉え，集団が課題解決するために必要な役割を考えて任せることです。

本書では，課題解決の段階で必要とされる集団内の役割を表2-7-1のように「課題解決を推進する役割」「取組を維持管理して成果を出す役割」に分けて整理しました。

表2-7-1　課題解決で必要とされる集団内の役割

場面例	課題解決を推進する役割	取組を維持管理して成果を出す役割
課題の発見や解決策の立案	○ 取組を始めるときに実力を発揮し，ゴールへの道筋を論理的に提案する。 ○ 取組具現化の組織運営を提案する。	○ 現状を分析し，冷静に課題を捉える。 ○ 戦略を立てるための情報を収集，提供する。 ○ 方向性が違った際には，妥協点を見いだす。
課題解決の確実な推進，困難・問題の打開	○ 対立を恐れず全ての手段を駆使する。 ○ 取組の目的と照合しながら進行する。 ○ 取組停滞時には，打開策を提案する。	○ 困難に直面したメンバーを励ましたり，困難に直面した状況を把握し注意を喚起したりする。 ○ メンバーの意見を引き出し貢献できるよう促す。

マージェリソンら（Margerison & McCann, 1990）が提唱した8つの役割を参考に作成[1]

上表の役割をメンバーの「性格特性」と「能力」の強みをいかして任せ，協働して課題解決します。表2-7-2で示した「性格特性」とは，性格特徴の中で，一貫して出現する行動傾向です。課題解決を推進する役割の人には，①開放性，②誠実性，③外向性が求められます。取組を維持管理して成果を出す役割の人には②誠実性，④協調性が求められます。

表2-7-2　メンバーに求められる性格特性

① 開放性：新しい経験や知識を追い求める特性。知的好奇心の強さ等に関係する。 ② 誠実性：まじめさを表す特性。自己統制力，達成への意志の強さ，計画性等に関係する。 ③ 外向性：外の世界への行動を志向する特性。活動的，社交的な傾向を表す。 ④ 協調性：優しさに近い特性。利他的な度合い，嘘偽りない態度等が関係する。

ウエスト［West（2004）］の提唱した性格特性を参考に作成[1]

課題解決に必要なメンバーの「能力」とは，集団が着実に成果をあげるために必要とされる能力であり，表2-7-3の3能力を指しています。集団内にこれらの能力が満たされなくては，集団の成果をもたらす可能性は極めて低くなり，どの能力も適切な水準で集団内に確保される必要があります。課題解決を推進する役割の人には，①職務遂行能力②プロジェクト遂行能力が求められます。取組を維持管理して成果を出す役割の人には③対人関係能力が求められます。

表2-7-3　メンバーに求められる能力

① 職務遂行能力：問題を解決するために不可欠な教科等に関する専門的知識を提供する。 ② プロジェクト遂行能力：自立と協働のバランスを考えて，職務遂行上の様々な問題を見付け出し，解決策を考え，案を吟味し，効果的な選択をする。 ③ 対人関係能力：他の成員に助言したり協力したりして，集団内の葛藤を解消する。

福岡県教育センター（2014）『学校経営15の方策』より引用[2]

ポイント１：性格特性は，メンバーのもつ性格特性の相異を比較して把握しましょう

　各メンバーの性格特性の強みを捉える際は，はじめに，個人内の性格特性を比較して強い性格特性を明らかにします。次に，その性格特性を他の人と比較します。前の仕事で開放性を発現した人が，今回の仕事でも必ず「課題解決を推進する役割」ができるとは限りません。したがって，日頃から仕事のことを相談しやすい雰囲気づくりを行い，取り組む課題に対して性格特性を発現できているかを見ていくことが肝要です。

ポイント２：能力は，取り組む課題を推進・管理・運営できるかどうかで把握しましょう

　取り組む課題の質や量によって，集団に求められる能力に違いが出ます。そこで，各メンバーが今までの仕事で貢献した内容・成果を踏まえて，これからの課題解決に必要な能力を兼ね備えているかを判断します。課題解決に必要な能力が，メンバーに不足している場合は，能力の高いミドルリーダーがメンバーに不足している能力を補完すること，外部に協力を求めること，課題解決を通してメンバーの能力を高めることを検討します。

ポイント３：役割を頼む前に，日頃から頼まれたことに協力を惜しまず支援しましょう

　課題解決に必要な役割は，外部に役割を引き受けてもらわない限り，集団の誰かに引き受けてもらう必要があります。そのためには，日頃から頼まれたことに協力を惜しまず，メンバーを支援しメンバーの能力をさらに高めていく努力を継続して行います。これらの支援がメンバーからの信頼を生み，自分の性格特性や能力から見て努力を要する役割でも引き受ける鍵になります。ミドルリーダーのこのような行動は，役割を引き受けてもらうために支援するという目先の課題解決が理由ではなく，個人を支援することが結果としてメンバーの能力を高め，組織全体の教育力向上・課題解決につながるという崇高な労働観から派生します。したがって，メンバーに役割を頼んだ後にその役割を果たせるように，全力で支援するのは当然のことです。

　以下に，ポイント２を踏まえた具体例を示します。

　Ｇ中学校は，小中連携の取組として，校区内の小学校で乗り入れ授業を行うことになりました。Ａ主幹教諭は，乗り入れ授業の主担当をＢ教諭に依頼しました。Ｂ教諭は，小中一貫校の経験があり，開放性・誠実性が高く実践的指導力等の職務遂行能力も高いことが分かっていたからです。副担当は，Ｃ教諭に依頼しました。Ｃ教諭は，初めての仕事に対しては二の足を踏みがちですが，相手の相談に気軽に乗れる対人関係能力が高いことが分かっていたからです。乗り入れ授業では，二人の教諭はお互いの役割を果たし調和のとれたティーム・ティーチングで児童の高い満足感を得ることに成功しました。そして，Ａ主幹教諭は，取組の過程で見られた各教員の役割遂行の効果を価値付け，主幹便りを通して発信しました。

【チーム内の役割を考える】「課題解決への巻き込み」（課題解決の視座），「伸びと成長の承認」（モチベーションの視座）といった学校経営感覚に基づいた行動様式です。

〈参考文献〉　（1）　古川久敬（2011）『組織心理学』培風社
　　　　　　（2）　福岡県教育センター（2014）『学校経営15の方策』ぎょうせい

[マネージャー的な機能　役割遂行(1)]

行動様式　08　評価指標の設定を促す

【評価指標の設定を促す】とは，取組が経営ビジョンの実現に向かっているのかを適宜振り返ることができるように，具体的な評価の物差し（判断基準）をもたせることです。

評価指標とは，目標の達成を測る評価の物差し（判断基準）です。評価指標には，取組指標と成果指標があり，それぞれに数値指標と状態指標を設定することができます（表2-8-1）。

表2-8-1　評価指標の種類と事例

		数値指標	状態指標
教職員の取組	取組指標	○ 毎朝5分間のスキルタイム実施 ○ 月2回以上の分掌ミーティング	○ 各教科ノートへの赤ペン評価 ○ 学習5分前準備の徹底
児童生徒の姿	成果指標	○ 昨年度比（前回比）10％アップ ○ 1週間で元気な挨拶3日以上	○ 元気な挨拶100％ ○ みんなが笑顔の学級

学校の経営ビジョンを実現するために，何を（目標），どのように頑張って（取組指標），いつまでに，どの程度まで高めるのか（成果指標）を明らかにしておくこと（図2-8-1）で，成果と不十分さを的確に把握することができます。そして，教職員が，仕事への満足感や取組を改善する必要性をもつことにつながります。

このことから，ミドルリーダーが教職員に対して評価指標の設定を促すよさを，以下のように考えることができます。

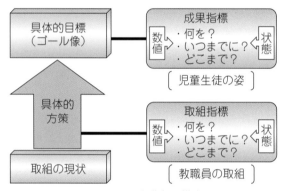

図2-8-1　評価指標の構造

○ 自分たちで設定した指標なので，取組に責任をもたせることができる。
○ メンバー一人一人が目標を共有しやすいため、取り組みやすく，また取り組みながら手応えもある程度感じることができる。
○ 成果が上がったのか上がらなかったのかが分かりやすく，改善の手立てが講じやすい。
○ メンバーが課題解決に前向きになり，集団のチーム化が促進する。

例えば学年会議では，各担任に「今月の重点」に即した達成状況とともに，翌月への改善点や目標も報告させましょう。達成状況は原則として数値指標で報告させますが，数値では評価できない場合は，状態指標を設定します。例えば，挨拶を数値化しようとすると，複雑化して「評価のための評価」になることがあります。そのような場合，挨拶の状態を教職員が見て判断し，評価することができる，「元気な挨拶100％」のようなスローガン的な指標を考えるのです。

児童生徒や教職員にとって魅力的で，必要性があり，具体性をもった指標を設定させましょう。

ポイント1：達成可能な成果指標を設定させましょう

　成果指標を設定する際には，最初から達成が危惧される指標の設定ではなく，一定期間努力すれば達成は可能であると思われる指標を考えることが大事です。このことは，教職員のモチベーションに大きく影響し，結果を左右することにつながります。どんな取組にも，それなりの期間，複数の教職員が時間を費やして，エネルギーを注ぐわけですから，一つ一つ達成し，達成の喜びと自信を積み上げていくことが大切です。それが次の取組へのエネルギーとなっていきます。

ポイント2：一緒に考える姿勢をもちましょう

　評価指標の設定を教職員の協議に任せることで，主体的・計画的な実践の展開が期待できます。その際に，指標を考えることが難しかったり，指標の設定に積極的でなかったりすることが危惧されるときは，ミドルリーダーが一緒になって考えるようにします。評価指標を設定しようとしている取組に関する情報は積極的に提供するようにしましょう。

ポイント3：達成ができなかったら，取組指標の見直しを検討させましょう

　もし，設定した目標を達成できなかった（設定した成果指標をクリアできなかった）時には，取組指標を見直すことが大切です。同じやり方を継続しても，結果を出せない，同じ失敗を繰り返す可能性が高いからです。そこで，何が不十分で指標をクリアできなかったのかという原因を分析し，その原因の解消につながる新たな取組指標を設定することが必要になります。その際，「０５　事前探究（３）」で紹介した解決策検討シート（図2-5-1）等を活用すると効果的です。

　以下に，ポイント3を踏まえた具体例を示します。

　H中学校では，学期末に生徒による教師評価を行っています。第2学年は，学年協議で授業満足度80％以上（成果指標）を目指し，めあてとまとめのある授業の実施（取組指標）で頑張ることにしました。しかし，1学期は満足度80％が達成できませんでした。そこで，学年主任は「満足していない」と回答した生徒の理由を整理しました。そこには，「先生の話ばかりだから面白くない」という感想が多く見られたので，その結果を学年会で報告し，全員で取組指標の見直しをしました。

図2-8-2　実験の予想について話し合っている生徒

　その結果，説明中心の授業を改善するために，「50分授業の中に最低10分間は生徒が活動する時間を保障する」という2学期に向けての新たな取組指標が設定されました。

【評価指標の設定を促す】「課題解決への巻き込み」「モニタリング」（課題解決の視座），「手応えの感の伝達」（モチベーションの視座）といった学校経営感覚に基づいた行動様式です。

[マネージャー的な機能　役割遂行(2)]

行動様式　09　機会を捉えて指導・助言を行う

【機会を捉えて指導・助言を行う】とは，教職員の様々な場面における日常の教育活動をよく観察し，好機を逃さずに，教職員の資質等を配慮したアドバイスを行うことです。

「機会」とは，課題解決に取り組む教職員が，行動には移せているが思うような結果を出せていない状態や，行動そのものが行き詰まり，打開策を欲している状態を指します。

「指導」とは，メンバーに対してなすべきことを示し，一定の方向に誘導することです。

「助言」とは，ある行為をなすべきこと，または，ある行為をする場合に必要な事項について助けとなる進言をすることです[1]。

課題解決段階における機会と指導・助言の内容・方法の例を表2-9-1に示します。

表2-9-1　課題解決段階における指導・助言の内容・方法の例

	○：予想される困難さ，停滞　◎：指導・助言の内容・方法
Plan 計画段階	○　解決策の具体案をもつことができない。 ○　課題解決の計画を立てることができない。 ◎　解決策の例示や実態調査結果等から，実行可能な解決策を選択させる。 ◎　課題を解決するゴールまでのスモールステップを考えさせる。
Do 実施段階	○　他の教職員との連携を図ることができない。 ○　解決策の徹底を図ることができない。 ◎　ミドルリーダー自身も他の教職員に積極的にかかわることを伝える。 ◎　問題が起こったり，うまくいかないことがあったりすれば，相談をすすめる。
Check 評価段階	○　評価の観点をもつことができない。 ○　評価方法の具体案をもつことができない。 ◎　取組のねらいに立ち返らせるとともに評価の観点を例示し，選択させる。 ◎　評価方法の例示や教職員の実態等から，客観的な評価方法を選択させる。
Action 改善段階	○　改善策の具体案をもつことができない。 ○　他の教職員へ働きかけることができない。 ◎　課題を整理し，実行可能な改善案を協働で考え，選択させる。 ◎　ミドルリーダーとの役割分担を再確認し，意欲を継続させる。

指導・助言は，相手の行動変容を促すだけでなく，教職員が同じ目的に向かって学び合ったり（目的共有），相互理解を図ったり（相互作用），改善策を前向きに検討する姿勢（価値創造）につながったりするように意識し，課題解決が円滑に循環できるようにします。さらに，教職員のモチベーションが高まるような指導・助言を意識します。

ポイント１：腹案を基に，進捗状況を把握し機会を捉えましょう

　機会を捉えるためには，仕事を進める上での困難さや停滞のリスクを予想し，あらかじめ腹案を準備しておく必要があります。そして，メンバーの仕事の進捗状況から機会を察知できるようにメンバーから寄せられる相談，意見，進捗状況，評価情報等を定期的に把握できるようにします。「機会」は偶然訪れるものではなく，こちらが不十分さやギャップを意識して見いだすものという発想で，準備した腹案を基にメンバーを指導・助言しましょう。

ポイント２：さらに効果が期待できる場合も機会と捉え，指導・助言を行いましょう

　指導・助言を行う機会は，「相手が困っているとき」という受け身的な場合だけではありません。相手が順調に仕事を進めていると感じているときでも，更なる問題解決の効果が期待できると感じた場合は，指導・助言を行います。まずは現状の努力を認め，さらに効果的な方法や改善点等を提案したり，相手の気付かない情報を提供したりしながら指導・助言を行うことによって，相手の意欲を持続させながら行動の変容を促します。

ポイント３：相手の経験や能力に応じた指導・助言を心掛け，納得を生み出しましょう

　ミドルリーダーが好機と考えても，メンバーによっては都合の悪い情報，自尊心を脅かす情報を受け入れがたいために，指導・助言をネガティブに捉えることがあります。指導・助言は意思決定を支援するアプローチですが，メンバーがこれに従うべき義務はありません。したがって，ミドルリーダーが指導・助言を行う際には，相手にとっても好機であることを認識させてから行う必要があります。解決策が生み出す結果や状況を論理的に説明し，お互いが理性的に考え吟味して納得を生み出します。「年上の先生には指導・助言がしづらい」ことはよくありますが，「相手を承認する」配慮，経験や資質能力を配慮して，「こちらから相談する」という形で，今後の方向性を意識させる方法も有効です。

　以下に，ポイント２を踏まえた具体例を示します。

　下記の文章は，小学校の教務を担当しているＡ主幹教諭が，６年担任のＢ教諭の週案に対して書いたコメントです。

> 　国語はいよいよ最後の場面ですね。今までの実践では，主人公の行動に対する問いを子供に追求させることが多かったのですが，問いに対する答えが抽象的になる場合があります。新たな問いを開発してみてはどうでしょうか。いつでも相談に乗りますよ。

　Ｂ教諭は，国語の授業を日常的に工夫改善していましたが，発問が適切でないため，授業のねらいに即した児童の発言を引き出すことができずにいました。週案を見たＢ教諭は，Ａ主幹教諭に自分の考えた発問の有効性を自分から伝え，授業の成果を報告しました。

【機会を捉えて指導・助言を行う】「課題の発展」（課題解決の視座），「関係の強化」（モチベーションの視座）といった学校経営感覚に基づいた行動様式です。

〈参考文献〉　（１）　教育開発情報センター（2000）『教職研修資料2000年9月15日発行「指導・助言」の法的性質』菱村幸彦

[マネージャー的な機能　改善要求(1)]

行動様式　10　取組の見直しを図る

> 【取組の見直しを図る】とは，教職員で確認した取組状況を途中で評価し，必要に応じて取組の改善を加えていくことです。

年度当初等に示された計画に基づいて実践していると，教職員が取組に十分な手応えを感じられなかったり，取組状況にばらつきが生じたりすることがあります。その場合は，PDCAサイクルのC及びAの時期を早め，全教職員でその達成状況や取組を評価し，見直しをします。

具体的には，「現状の共通理解」→「多面的な分析」→「具体的な方策の協議」という三つの段階で構成される過程（図2-10-1）に，振り返りを主とした活動を位置付けるのです。

図2-10-1　具体的な取組（共通実践）の評価と改善

1　「現状の共通理解」

まず，これまでの児童生徒の変容と具体的取組について，全教職員で振り返りをしながら意見を出し合い評価します。当初に想定した児童生徒の変容の姿と現状の姿を比較し，シナリオで定めた期限までに達成できるかどうかを協議します。その際に，単なる印象や感覚だけで判断するのではなく，客観的なデータがあると共通理解を図ることが容易になります。また，実践を進める上での困難さや工夫，手応え感，負担感などについて交流することができるようにします。

2　「多面的な分析」

次に，評価から明らかになった児童生徒の変容を分析します。すると，学年や学級でばらつきがある場合と，全体的に変容が思わしくない場合があります。これらの原因を分析するに当たっては，「児童生徒の変容にばらつきがあるのはなぜか」「全教職員で取り組んだのに，なぜ，期待どおりの変容が見られなかったのか」といった取組と結果の関連性について全教職員で意見を出し合いながら，様々な視点からの検討を試みます。

ここで留意すべきことは，共通実践を徹底しない教職員を批判するのではなく，効果が上がっている場合を取り上げて，そのよさを分析し，「具体的な方策の協議」へとつなぐことです。

3　「具体的な方策の協議」

最後に，目標達成状況や具体的な取組の適切さに対する評価・分析を受け，目標達成に向けた具体的方策を設定し直します。「多面的な分析」の結果を受け，児童生徒の変容が見られなかった場合は，実態に即してこれまでの具体的取組に対する付加・修正を行います。また，付加・修正だけでは補いきれない状況や，新たな課題が見付かった場合には，新たな取組を設定することになります。このように，教職員に自ら取組を設定させ，その徹底を図っていきます。

ポイント1：成果が見えた取組は少しずつ軽減しましょう

成果があった取組は，目的達成，課題解決には有効であるということです。ただ，取組の頻度や負担を減らしても同じような成果が見込める場合は，思い切って軽減することも考えましょう。このことで，マンネリ感が解消され，効率化が期待できます。教職員は多くの業務を抱えているので，減らすことも必要なのです。特に，新たな取組を設定する場合は，それまでの取組を「減らす」「やめる」ことも視野に入れていきましょう。

ポイント2：教職員のアイディアを大切にしましょう

「○○が達成できていないから，△△の取組を徹底しましょう」というトップダウンでの周知は，教職員のモチベーションの芽を摘んでしまうことがあります。そこで，教職員からも今後の取組案についてのアイディアを出してもらいましょう。教職員は，教室で様々な取組を実践しています。それらを出し合い，吟味して，集団決定することを大事にしていきます。そうすることで，やらされる取組から，やってみようと思う取組に変わることが期待できます。

ポイント3：小さな単位に分割して評価しましょう

学校全体を対象に評価しても，視点が拡散してしまい，成果や課題を的確に捉えることは難しいものです。改善を生み出すためには，小さな単位に分割して評価することが大切です。具体的には，学年単位，教科単位，校務分掌単位で評価します。これにより，小さな成果や課題も明らかとなり，改善の具体的な方向性を定めることができます。

以下に，ポイント2を踏まえた具体例を示します。

算数科を研究しているI小学校の研究主任は，夏季休業を利用して，教員を対象に「日常の授業で，問題提示の工夫をどのようにしているか」という記述式のアンケートを実施しました。子供が切実感をもつ問題提示のポイントについて提案しようと考えたからです。

研究主任は，たくさんのアイディアを整理し，その中から効果があり，教員が9月から取り組めそうな方法のいくつかを模擬授業形式で確かめ合い，そのよさを共有し合いました（図2-10-2）。

教員は，「こんな問題提示の仕方をすると，子供が数量の関係を捉えやすくなるね」といった感想をもちました。そして，いくつかの問題提示の中から，今後，全学級で取り組む問題提示の仕方について集団決定していきました。自分たちのアイディアをいかしてもらったことで，教員の中に「よし，やってみよう」という意識が高まりました。

図2-10-2 教職員のアイディアをいかす研修会

【取組の見直しを図る】「課題解決への巻き込み」（課題解決の視座），「手応え感の伝達」（モチベーションの視座）といった学校経営感覚に基づいた行動様式です。

[マネージャー的な機能　改善要求(2)]

行動様式　11　挑戦的な目標を設定する

> 【挑戦的な目標を設定する】とは，学校の教育目標に迫るために，現在の目標を見直し「より努力を要する高い水準の目標」を設定する（させる）ことです。

「より努力を要する高い水準の目標」とは，具現化するには現在よりも教職員の努力を要し，達成しようとするレベルを高めた目標のことです。ミドルリーダーは，今までの目標が「どの程度達成でき，どこまで近づくことができたのか」「どのような変化を児童生徒や組織にもたらしたのか」「そもそも，目標は，当たり前で平凡ではなかったのか」等を問い直し，組織の目指す目標の水準をより高く設定させます。

より高い水準の目標を設定すれば，その具現化の方策がより質の高いものへと変化するとともに，メンバーのもつ能力をフルアウトさせられるので，高い成果を得ることができるといわれています。

集団が目指す目標には最適な水準があります。組織の状態や課題解決能力を踏まえ，目標の難度と達成の可能性から目標の水準を設定します。図2-11-1に示した「目標Aを今までの目標」とすれば，「達成できそうにない目標D」よりも「努力すれば達成できるかもしれない目標C」を設定する方が教職員のモチベーションは高まり，成果が期待できます。逆に，「あまり努力せずに達成できる目標B」は，教職員が目標達成に価値を見いだせず，取り組もうとはしません。よって，組織の状態や課題解決能力を踏まえた最適な目標設定が必要なのです。

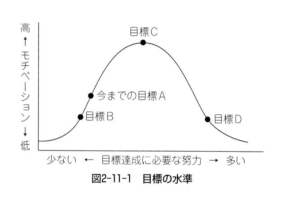

図2-11-1　目標の水準

一方で，実態に応じては，これまで取り組んだことのない新たな分野への目標を設定させることも必要です。この目標は，これまでの取組から，これ以上多くの成果を期待できない場合に設定します。人は，一般的に新しい仕事に対して不安を感じ，敬遠しがちになります。そこで，ミドルリーダーは，目標を設定する際に，その目標達成から得られる成果とともに，以下のような波及効果に気付かせることで，挑戦する目標の価値や魅力を共有できるようにします。

○　児童生徒の笑顔や喜び
○　学校に対する周囲からの信頼や期待の高まり
○　集団や教職員自身の更なる成長

以上のように，ミドルリーダーは，メンバーにとって，「達成すべき」「魅力がある」「達成してみたい」と認識される挑戦的な目標を設定させることが必要なのです。そして，現状維持に陥りがちな教職員のモチベーションを高め，組織を次の行動・レベルへ挑戦させ変革を進めます。そして，チーム化の推進の要件である「価値創造」へと集団を変容させます。

ポイント1：設定する目標は，取組の時間軸と努力量から考えましょう

　時間軸から考える場合は，目標の水準を設定する際に，現在の取組の成果が，どのくらいの時間をかけた結果，どの程度まで近付いてきているかを捉える必要があります。今後も同じ時間をかけて取り組んでも効果が期待できない場合は，目標の水準を下げることを検討します。今後も同じ時間をかけて更なる効果が期待できるのであれば，目標の水準を維持しながら，より効果的な手立てを検討します。

　教職員の努力量から考える場合は，目標の水準を設定する際に，現在の取組の成果が，どのくらいの教職員の物理的・心理的な努力の結果，どの程度まで目標に近付いているかも捉える必要があります。もし，効果があっても，教員の物理的・心理的な負担が大きい場合には，目標の水準を下げることを検討します。また，目標の水準を下げずに，教員の目標達成の障害を取り除いたり，取り組む方策を効果的なものに重点化したりして，負担を軽減することを検討します。

　教職員の実態に応じて，これら二つのことを考慮し，バランスよく目標を設定します。

ポイント2：目標設定は，集団決定や自己決定できるようにしましょう

　教職員が目標の水準を自己決定することで，モチベーションや課題解決の期待感を高め，取組の緊張感を醸成していくことが期待できます。最終的な全体目標は，管理職が設定するとしても，取組の方法や手順等にかかわる目標は，できるだけ集団内で決定させます。また，中間目標を設定したり，教員一人一人の成熟度に応じて目標を設定したりする手立ても検討します。

　挑戦的目標を達成するまでの見通しや道筋をイメージできることが大切です。

以下に，ポイント1を踏まえた具体例を示します。

　J高等学校では，生徒の規範意識を高めるため，多くの生活目標の実現を学年目標に設定していました。しかし，教職員が努力して取り組む時間の割には成果が上がっていませんでした。目標の水準が高いと判断したA生徒指導担当主幹教諭は，生徒の実態を校務運営委員会に示し，実現可能な水準の目標を検討することを提案しました。

　そこで，A主幹教諭は，生徒手帳の内容を生徒会役員と共に見直し，手帳に明示された生活に関する目標の中から，全生徒が実現できそうな「服装のきまり」「早退・欠席の手順」「日直の仕事」をより具体化して年間の生活の重点目標として設定しました。

　この再検討の過程を通して，全教職員と生徒が目標達成の価値を理解し，目標達成の方策を協力して行うようになりました。その結果，目標とした生徒の服装や授業前の生活状況が向上し，その波及効果として生徒の自己管理能力が高まりました。次年度は，その成果を基に，高校生活を充実させるための新たな目標を生徒会とともに設定することにしました。

【挑戦的な目標を設定する】「課題の発展」（課題解決の視座），「伸びと成長の承認」（モチベーションの視座）といった学校経営感覚に基づいた行動様式です。

[マネージャー的な機能　協働促進(1)]

行動様式　12　連携を俯瞰する

> 【連携を俯瞰する】とは，各組織及びミドルリーダー相互の関連を把握し，仕事の全体像を明らかにすることです。
>
> 俯瞰（ふかん）：高いところから見下ろして，広く全体を眺めること

　学校が組織として課題解決を進める場合，重点目標のように学校全体の目標達成に不可欠な活動や機能が各分掌等で分割されるように組織編成が行われています。ミドルリーダーは，自分の仕事の全体像を把握して責任を果たすだけでなく，校内の分掌等を組織的に連携させることができれば，効果的・安定的な仕事をすることができます。

　そのため，ミドルリーダーは，管理職の補佐として，担当以外の仕事の目的・内容等を把握して，仕事の重なりがないように調整して仕事の計画を立てます。仕事が始まってからは，仕事の進捗状況や知り得た情報，抱えている問題などを共有していきます。ミドルリーダー同士の連携からも，協働できそうな課題解決の内容や行動を考えることができます。このような意識を各ミドルリーダーがもつことで，集団のチーム化はより促進されることになります。

　例えば，学力向上のために，図2-12-1に示すように，①授業づくり，②基礎づくり，③規範意識，④家庭地域連携，⑤教員研修，という五つの戦略が校務分掌に位置付いているとします。

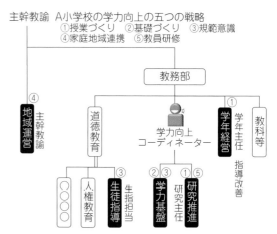

図2-12-1　学力向上にかかわる校務分掌

　はじめに，各分掌に所属するミドルリーダーは，学力向上のための課題解決がどの分掌でどのように行われているかという仕事の目的・内容・方法等を把握します。

　次に，学力向上を推進するミドルリーダーである学力向上コーディネーターは，学力向上委員会という組織には，連携対象として，どのような校務分掌があり，それらの分掌内には自分以外にどのミドルリーダーが存在しているかを洗い出します。そして，学力向上プランに沿って，各分掌が独自で行う取組に対する協力や各分掌と協力して行う全体的な取組に対する連携を強化します（図2-12-2）。

　このように，自分の仕事にかかわる連携を俯瞰することで分掌間のつながりが把握でき，補完し合うべき仕事の内容や学力向上コーディネーターとしての役割を見通すことができるようになります。こうすることで，学力向上という目標が効率的に達成できるようになるのです。

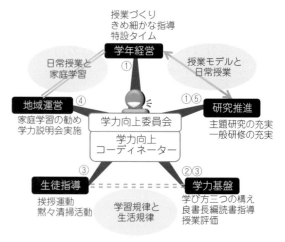

図2-12-2　学力向上で連携すべき分掌等

ポイント1：各分掌の仕事の目的・内容等は，管理職に確認しましょう

　自分が担当する分掌等の仕事内容は自分だけで把握できますが，他の分掌に期待されている戦略的な仕事や各個人が抱える仕事量等は，管理職に確認する必要があります。特に，組織の抱える課題や個人にかかわる情報は管理職しか知り得ない場合も多くあります。

　さらに，どの組織が受けもつのか分からないような仕事の場合や，新たな仕事が追加される場合は，管理職と相談しながら，慎重に洗い出しを行うことが大切です。

ポイント2：連携対象と内容を図示して，明示しましょう

　連携対象が複数ある場合は，関係が複雑になり全体像が見えにくくなります。そこで，連携の在り方を図2-12-2のように図示して，運営構想に示したり，運営委員会で提示したりして関係を可視化するのも連携を俯瞰する上で有効な手段です。図示する際は，重要事項を簡潔に表記しますが，連携目的，連携対象とする組織名，ミドルリーダー名，分担された仕事内容，連携の方法等を盛り込むようにします。

　また，職員室や会議室等の目立つ場所に掲示する等して，常に組織的に仕事をしていることを意識できるようにすることも効果的です。

ポイント3：各分掌のミドルリーダーと水平方向コミュニケーションをしましょう

　各分掌が分担された仕事を独自に行っていくと，組織の全体性や継続性が脅かされ，各分掌間の方針のずれや意見の相違が生じやすいものです。そこで，各分掌に存在するミドルリーダー同士の水平方向コミュニケーションを機能させることにより，経営方針や指示が浸透する校内の判断や意思決定が迅速に行われる，職員間の凝集性が高まる等の効果が期待されます。ミドルリーダー同士の定例的な会議の設定は，あまり行われていないのが現状です。そのため，ミドルリーダー同士が意図的なコミュニケーションを行う必要があります。

　以下に，ポイント2，3を踏まえた具体例を示します。

　K小学校のA主幹教諭は，学力向上に向けた研究推進部と学年経営部の連携強化のためのキーパーソンです。組織が効果的に連携できるよう，二つのことを意識しています。

　一つは，研究授業の成果を整理し，毎週発行の教務便りで紹介することで，日常授業での共有化を支援しています。教務便りには，今回の研究授業で有効だった工夫改善策，他学年でも利用可能な方法，各学年で行われている授業改善方法を掲載しました。

　二つは，各学年で実施された授業の成果をもとに，毎月実施の学年主任研修会で，研究主任や学力コーディネーター等の指導力の高い教員に参加してもらい，研究の質を向上させるための具体的な授業場面での改善方法を検討してもらうようにしています。

【連携を俯瞰する】「内外の資源活用」（課題解決の視座），「関係の強化」（モチベーションの視座）といった学校経営感覚に基づいた行動様式です。

［メンター的な機能　個別配慮(1)］

行動様式　１４　チームの担い手を育てる

【チームの担い手を育てる】とは，教職員のキャリアステージに応じて，役割や機会を与えることによって，ミドルリーダーに必要な資質能力を身に付けさせることです。

集団が着実に成果を上げるためには，集団内に表2-14-1に示した三つの資質能力と態度等をもつメンバーが必要です。たとえいずれかの能力が高いとしても，その他の能力が不十分であれば，集団としての成果は出せません。原理的には，集団の成果はいずれか最も低い水準の資質能力が反映されたものになるからです。

表2-14-1　集団に求められる三つの資質能力と態度等[1]

求められる資質能力や態度等	資質能力の内容
①　職務遂行能力	教科等に関する専門的知識・技能，学級経営・授業づくり等の基礎・基本，情報処理・管理する能力
②　プロジェクト遂行能力	職務上の様々な課題を発見・分析し，学校組織の一員として他の教職員と協働しながら適切に処理・解決する能力
③　対人関係能力	他の教職員や学校外の関係者と協力し，子供・家庭や地域と良好な関係を築く能力
④　使命感や責任感，教育的愛情	教職に対する責任感，探究力，教職全体を通じて自主的に学び続けようとする態度や意欲

初任者が大量に採用される現在では，当初，三つの資質能力と使命感や責任感，教育的愛情が必ずしも十分にそろっていない場合がほとんどです。したがって，不足している資質能力を外部に求めない限りは，集団内のメンバーに資質能力を獲得させる人材育成が不可欠です。

メンバーをチームの担い手となるように育てるには，校長が思い描く人材育成計画（図2-14-1）に沿って，メンバーが現在どのキャリアステージなのかを見極めてどの資質能力を高めることが重要であるかを判断することが必要です。

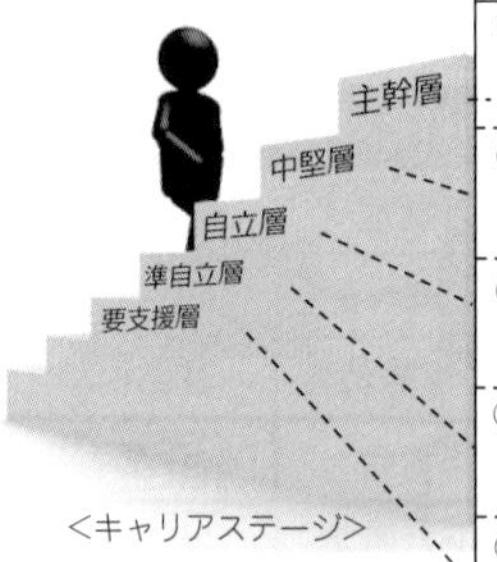

【人材育成計画の例】

職務遂行能力	プロジェクト遂行能力
○要支援～中堅層の指導ができる。	○重点目標，経営の重点に関する具体的な提案ができる。
○得意とする複数の教科等の専門性を確立する。	○組織の活動をPDCAサイクルで運営できる。
○得意とする教科等の専門性を獲得する。	○行事計画等の企画書を作り提案できる。
○子供の実態に応じて授業が工夫できる。	○担当した仕事に責任がもてる。
○基礎的・基本的な授業力を身に付ける。	○協働で学校行事等にあたることができる。

図2-14-1　人材育成計画の例

①　職務遂行能力を高める方法例

基礎的・基本的な授業力や授業を工夫できる実践的指導力を高めるために場数を踏ませる提案授業を行わせます。同時に，指導技術や具体的な手立て等を教えます。

②　プロジェクト遂行能力を高める方法例

集団の問題を見付け出し，解決案をメンバーと検討しながら課題解決策まで練り上げる等の役割を与えます。また，集団の仕事を管理運営する役割を与える等，メンバーと協働しなければ達成できない役割を与えて経験させます。

③　対人関係能力を高める方法例

対人関係能力は，経験を通して高めることができる能力です。また，特定の子供・教職員・保護者とのコミュニケーションを行うばかりでは，能力を高めることはできません。仕事を通して様々な人の立場を考えさせたり確かめさせたりして自分との差を認識させることが必要です。

ポイント1：集団で必要とされる仕事を果たせるスキルを教えましょう

将来において，「やりたいこと（キャリア目標）」をメンバーに設定させるだけでは，キャリア発達にはつながりません。試行錯誤を繰り返し，ミドルリーダーや他のメンバーの経験から学ぶことによって「現在において確実に行えるスキルや自分なりのコツ」を学習しなければ，キャリア目標の実現は難しくなります。言い換えれば，将来リーダーになりたいと願う担い手を育てるためには，集団の中で仕事を確実に行えるスキルを教える必要があります。

ポイント2：育てる人に他者からのフィードバックを与えましょう

メンバーに対する他者からのフィードバック（感想，反応，示唆，情報提供，評価等）は，仕事の必要性や成果に対する期待を理解させるだけでなく，モチベーションを高め，学習を促進させる効果をもつことが先行研究から示されています。このとき注意しなければならないのは，本人が仕事をする上で役立つと見なさなければその効果が現れないということです。フィードバックする場合は，適切な内容で，具体的に，十分な頻度で，時宜を得てタイムリーに，信頼の置ける形で与えられる必要があります。

ポイント3：他のメンバーも巻き込みながら育てましょう

効果的に人材育成を行うために，集団内の人材をいかします。集団内には職務遂行能力が高く，得意な指導教科がある教員，学級経営に自信がある教員，児童生徒理解に詳しい教員等，得意分野をもつ教員が存在するはずです。これらの教員も巻き込みながら人材育成を行うことは，育てようとする教員の資質能力を伸ばすだけではなく，巻き込まれた教員の指導力を高めるメンター効果や，教員集団の凝集性を高めることにもつながります。

以下に，ポイント3を踏まえた具体例を示します。

M小学校のA研究主任は，「授業研究サークル」を企画し，以下の内容の活動を行いました。その結果，若年教員と若年教員を支援する他教員の資質能力の向上にも寄与しました。
① 「研究で重視している学習活動の仕組みについて分からないこと」「研究以外の授業づくりで悩んでいること」を自由記述式のアンケートに書いてもらい，情報を収集する。
② アンケート情報を整理して，若年教員のニーズに対応したメニューを選定する。活動は30分間で，本人が希望すれば必要な場合は時間を別日にとって，1対1の指導を行い授業のスキルを徹底指導してもらう。
③ 指導は主に研究主任が担当するが，メニューの内容によっては校内のベテラン教員に講師をお願いして，積極的にかかわってもらう。また，ベテラン教員の授業参観，ベテラン教員による板書指導をお願いする。

【チームの担い手を育てる】「課題解決への巻き込み」（課題解決の視座），「伸びと成長の承認」「一体感」（モチベーションの視座）といった学校経営感覚に基づいた行動様式です。

〈参考文献〉　（1）　福岡県教育センター（2014）『学校経営15の方策』ぎょうせい

[メンター的な機能　個別配慮(2)]

行動様式　15　負担感に気付く

【負担感に気付く】とは，個々の教職員が抱えている仕事の物理的負担や心理的負担による身体的・情動的な負荷を推し量ることです。

メンバーは，個人差はあるとしても，多くのことに仕事の負担を感じています。この負担がストレスとなり，モチベーションを下げ，緊張や不安，さらには苦痛さえもたらすこともあります。図2-15-1に，教職員の抱える仕事の物理的負担と心理的負担を氷山モデルにして表しました。

教職員の抱える物理的負担とは，教材研究や成績処理などの仕事量やそれを行う時間の増加，突発的に発生した生徒指導への対応，仕事分担の偏り等の目に見える負担のことです。物理的負担が大きいとき，教職員に多忙による疲労，睡眠不足などの身体的な負荷を与えるリスクが高くなります。物理的負担に気付くためには，公式に設定された仕事内容や仕事を進めるうえでの手続き等を把握し，教職員がどのくらいの時間をかけてその仕事をしようとしているかを確かめる必要があります。このとき，物理的負担が当初はストレスとなっていなくても後にストレスとなって現れるかもしれないことを危惧する必要があります。

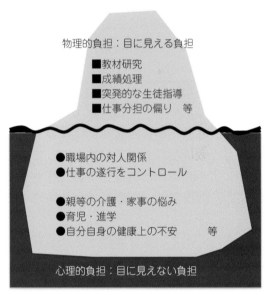

図2-15-1　教職員の抱える負担の氷山モデル

教職員の抱える心理的負担とは，保護者からのクレームや学校内での対人関係，育児等，目に見えにくい負担のことです。心理的負担が大きければ，教職員に緊張・不安等の情動的な負荷を与えるリスクが高くなり，精神疾患にもつながります（図2-15-2）。心理的負担に気付くためには，仕事のミスの多さやコミュニケーションの減少等，通常とは異なる言動に注意しておくことが必要です。また，身振り，表情，声のトーンなどからも気付くことができます。

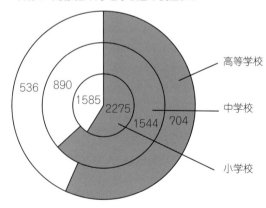

図2-15-2　病気休職者における精神疾患者の割合

ミドルリーダーは，教職員の些細な変化をいち早く察知し，負担感に気付くことが大切です。そして，負担感に気付いたら，負担感を軽減するために教職員の話を親身に聴いたり，管理職に相談して仕事内容や環境などを変えたりするなど適切な支援をします。そうすることで，教職員は自分のことを，いつも気にかけてくれるミドルリーダーを信頼するとともに，仕事に対するモチベーションも高まっていくでしょう。

ポイント１：負担感の緩和や解消のためのコミュニケーションに心掛けましょう

　うまくいかずに悩んでいることを一緒に考えてもらったり，失敗したことを温かくフォローされたりすると何とも救われた気持ちになり，元気が出ます。逆に，分からなくて困っていることがあっても，相談する相手がいなかったり悩みや愚痴を話せる機会もなかったりすると負担感は長く続きます。負担は軽減できなくても，メンバーと緊張・不安・抑うつ・怒り等の情動を出し受け止め合うコミュニケーション（受容，共感，信頼，感謝，ねぎらい）を通して，負担感の緩和や解消がなされ，個人の心理的な安定が保たれることもあります。

ポイント２：一人の人間として相手に敬意を払いましょう[1]

　時間を割いて親身に教職員の話を聴きましょう。仕事の手を休め，相手の方を向き，丁寧な言葉遣いや敬語を使い，相手への敬意を払いましょう。教職員を大切にしている気持ちが伝わると，あなたを信頼して，悩みを相談してくることでしょう。また，自分の体の動きや表情に注意しましょう。肩をすくめることは不快感や無関心・無視，指の動きで不機嫌やいらつき，腕を組むことで迷いや困惑，頭をかしげることで疑問等，これらの非言語による体の動きや表現が，相談してきた相手に間違ったメッセージとして伝わってしまうことがあります。

ポイント３：仕事を成功させるコミュニケーション・支援をおろそかにしないようにしましょう

　感情を出し合い受け止め合うコミュニケーションは大事です。また，メンバーの疲労の状況から，負担そのものを削減することが必要な場合は，管理職に相談して手立てを講じなければなりません。しかし，仕事の成果を上げるためのコミュニケーションやお互いの能力を高めていくための支援が，おろそかにならないようにしなければなりません。仕事の負担を乗り越えて，仕事そのものを成功させた自信や達成感が，自己効力感につながりメンバーを成長させ，新たな仕事に挑戦させることにつながります。自信や達成感は，壁の前ではなく壁の向こう側にあります。

　以下に，ポイント２を踏まえた具体例を示します。

> 　A学年主任は，最近，教職経験２年目のB教諭が朝からため息をついたり，声に元気が無かったりして気になっていました。そこで，A学年主任は，B教諭が担当する修学旅行の企画・運営方法について積極的にコミュニケーションをとるようにしました。A学年主任は，B教諭に旅行業者との打合せ，学年会議での提案，学校行事の教育課程への位置付け方等の仕方を丁寧に教えました。あるとき，B教諭はA学年主任に子育てで悩んでいることを打ち明けました。A学年主任はB教諭の気持ちを受容し，できるだけ定時に退校できるように配慮しました。修学旅行後，A学年主任はB教諭に「修学旅行の成功はB教諭のおかげですよ。ありがとう」とねぎらいの言葉を掛けました。

　【負担感に気付く】「モニタリング」（課題解決の視座），「関係の強化」（モチベーションの視座）といった学校経営感覚に基づいた行動様式です。

〈参考文献〉　（1）　古川久敬（2011）『組織心理学』培風館

[メンター的な機能　信頼蓄積(4)]

行動様式　20　指し手感覚を醸成する

【指し手感覚[1]を醸成する】とは，自分の行動が自分の意志によるものであり，自分が仕事を成功させている感覚を育むことです。

　　　　指し手感覚：将棋を指す「指し手」と実際に動く「駒」の関係から転移した言葉

指し手感覚を醸成された教職員は，図2-20-1に示すように，自分の仕事に納得して自ら問題を見付けて改善し，価値追求的になり，主体的に行動するようになります。そのために，ミドルリーダーは，教職員がより主体的に行動できるようにコミュニケーションを工夫しなければなりません。

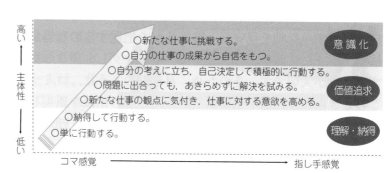

図2-20-1　主体性の高まりと指し手感覚

ミドルリーダーがコミュニケーションを工夫することにより，相手の教職員はミドルリーダーに支援してもらいながらも，「自分の意志と能力で仕事をやり遂げることができた」と思うことができます。表2-20-1に，主体性を高めるミドルリーダーのコミュニケーション例を示します。

表2-20-1　相手の主体性の状態とミドルリーダーのコミュニケーション例

	相手の主体性の状態（行動・意識）	ミドルリーダーのコミュニケーション（具体例）
意識化	[やりがいや成長を感じている] ○　自分で解決できている。 ○　自分の能力で問題解決できた。 [仕事への意欲を高めている] ○　次の仕事に挑戦したい。	[受容・共感・信頼] ○　努力した過程や結果を受け入れ，認める。 ○　誠実さ等の性格特性や能力の優れた点を伝える。 [感謝・ねぎらい] ○　業務遂行への感謝やねぎらいの言葉を伝える。
価値追求	[問題を見付ける] ○　この問題を解決すればよい。 [問題の解決策を見付けて行動する] ○　助言を基にやってみよう。 ○　自分が考えた案をよいアイディアだと褒めてもらった。 ○　自分でもできそうな課題解決策を思いついた。 ○　自分で考えた解決策がうまくいきそうだ。	[質問] ○　適切な質問により答えを見付けさせる。 「どこが問題だと思いますか」「何ができそうですか」 [助言] ○　アイディアの提示やヒントを助言する。 「ここを工夫するとよくなりそうですね」 [激励・評価] ○　プロセスや努力した点，解決策の効果を褒める。 「粘り強く続けていますね」 「子供の〜な姿に成果が表れていますね」
理解・納得	[理解して行動する] ○　仕事の内容を理解する。 ○　仕事の提出期限・方法を理解する。 [納得して行動する] ○　仕事の価値を理解して納得する。 ○　仕事を遂行する上で必要な情報や資源の入手方法が分かる。	[方向性の明示・要望・指示] ○　仕事の目的と内容を伝える。 ○　仕事の範囲・権限と提出期限・方法を伝える。 [根拠の明示] ○　仕事の必要性や達成時の効果を示す。 [確認] ○　必要な支援や情報等の資源を確認する

ポイント1：計画段階の細かなスケジュールは個人に委ねましょう

　自分の仕事の進め方は，自分自身で決めさせることが基本です。細かいところにまで口を挟むことは，かえって相手のやる気を失わせてしまいます。仕事の内容や全体にかかわる時間的制約（締め切り）等は定期的に確認をする必要はありますが，間違っている場合など，特別な状況を除き仕事の効率化を求めず，「信頼して任せる」という意識が大切です。

ポイント2：実施段階の状況を常に把握しておきましょう

　「任せる」と言っても「放任」ではありません。自己決定による満足感を味わわせることは大切ですが，失敗や挫折が自信を失うことにつながっては意味がないからです。担当者に仕事を任せるということは，常に並行してミドルリーダー自身が行わなければならない仕事があるということです。任せた仕事の進捗状況を確認し，機会を捉えてさりげなく指導・助言を与えることは，ミドルリーダーとしての仕事です。担当者の主体的な行動を妨げず，かつ，満足感や達成感につながるかかわりをしましょう。

ポイント3：仕事を振り返らせ，相手に応じて称賛の内容を変えましょう

　「結果を褒める（〜な成果があった。すばらしい！）」「過程を褒める（あきらめずに努力を続けた。がんばったね！）」「存在を褒める（あなたがいてくれてよかった。ありがとう！）」等，称賛の内容は様々です。そして，称賛の受け取り方も人によって様々です。大切なことは，相手に仕事を振り返らせながら，「相手が言われて一番嬉しい称賛の内容を考える」ことです。納得できる他者評価を受けることで，教職員のモチベーションは高まります。相手の判断や行動の選択，それによる活動の結果について，その人の資質能力に照らした努力や成長等，相手を認め称賛する評価を行いましょう。

　以下に，ポイント2を踏まえた具体例を示します。

　Q中学校では，観点別評価と評定との相関をチェックする成績処理システムを活用しています。A主幹教諭は，そのシステム開発をB教諭に任せました。B教諭は頼られていることを意気に感じ，意欲的にシステムを開発しました。その後，開発されたシステムから不備が見付かりました。しかし，A主幹教諭は頭ごなしに指摘せず，「とても助かっているが，自分ではシステムをうまく操作できない」と相談しました。その結果，B教諭は自ら不備に気付き，すぐにシステムを再考し，全教職員が使いやすいシステムを完成させました。A主幹教諭は，B教諭の計画的な仕事の仕方を称賛し成長を認めました。B教諭は，その後もQ中学校のコンピュータ環境を最適なものにしようと，様々な提案をし続けています。

【指し手感覚を醸成する】「課題解決への巻き込み」（課題解決の視座），「手応え感の伝達」（モチベーションの視座）といった学校経営感覚に基づいた行動様式です。

〈参考文献〉　（1）　浅野良一　編集（2009）『学校におけるOJTの効果的な進め方』教育開発研究所

Chapter **3**

第 **3** 章

ミドルリーダーによる マネジメントの実際

「20の行動様式」を活用したミドル・アップダウン・マネジメントの実践例をまとめました。
■どんな課題を見いだし,
■どんなアイディアをいかして,
■どのようにかかわっていったのか,
■そのプロセスで,どんな行動様式を用いたのか
という内容を具体的に示しています。

1　本章にかかわる調査研究の概要

　実践例の内容はフィクションです。しかし，よりリアリティーのある内容とするために，協力校のミドルリーダーに取り組んでいただいた実践を追跡調査し，再構成しています。
　以下に，追跡調査の概要を示します。

(1)　調　査　名　称：アクションリサーチ
(2)　調査のねらい：校長の経営ビジョンを具現化するためのミドル・アップダウン・マネジメントにおいて，ミドルリーダーが選択したどんな行動様式が，学校のチーム化に機能したのかを調査する。
(3)　調　査　対　象：福岡県内の公立学校10校（小学校4，中学校3，高等学校2，特別支援学校1）のミドルリーダー
(4)　調　査　時　期：平成26年6月～12月（小3，中1，高1，特別支援1）
　　　　　　　　　　平成27年6月中旬～7月下旬（小1，中2，高1）
(5)　調　査　内　容：○　ミドルリーダーが取り組む内容に関する児童生徒の実態把握と課題の明確化
　　　　　　　　　　○　課題解決のために行ったミドルリーダーの具体的な取組の調査と分析
(6)　アクションリサーチの実施方法
　①　協力校のミドルリーダーが統括する分掌において，学校の経営ビジョンを具現化する視点から，どのような課題があるのかを明らかにする。
　②　課題解決のために，「何を，どんな方法で，どの程度まで」行うのかを明確にしたシナリオを，協力校のミドルリーダーと県教育センターの担当者が協議しながら作成する。
　③　課題解決のために作成したシナリオに基づくミドル・アップダウン・マネジメントを行いながら実践を行うとともに，行動様式を整理する。
　④　行った実践が学校のチーム化に有効に働いたかを分析し，成果と課題を明らかにする。

2　事例の見方

　本章は，1実践を6頁でまとめています。それぞれの頁の構成は以下に示すとおりです。構成をご覧の上，各実践をお読みください。

【第1頁の構成】

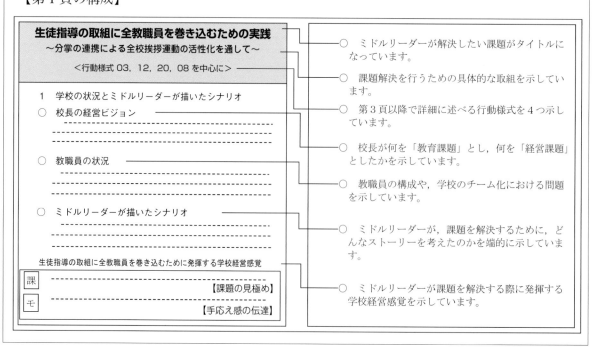

第3章　ミドルリーダーによるマネジメントの実際

【第2頁の構成】

①ミドルリーダーの役職

生徒指導委員会を中核としながら生徒会担当者，運営委員との連携を図り，全校挨拶運動を展開することを通して，全ての教職員を生徒指導の取組に巻き込んでいく 生徒指導担当主幹教諭 のストーリー

※［　］内は，本書における行動様式の項目を表している
　リ…リーダー的な機能　　マ…マネージャー的な機能　　メ…メンター的な機能
※　⬆はミドルアップマネジメント，⬇はミドルダウンマネジメント，⬍は両方の内容を表している

| 目的共有 | 相互作用 | 価値創造 |

気持ちのよい挨拶ができていないという
生徒の問題を共有し，課題意識を高めたい。

ミドルリーダーの行動①

［リ 03 現状を把握する］
⬍ 生徒の挨拶に関する現状を可視化し，目標を全教職員で共有することを提案した。

［リ 01 重点目標や経営の重点を具体化する］
⬇ 重点目標の具現化のために，全校で挨拶運動を展開することを周知した。

②左　列　　　　　　　　　　　　　③右　列

○　①のところにミドルリーダーの役職を示しています。
○　②左列は，ミドルリーダーが学校のチーム化に向けて描いたシナリオです。
○　③右列は，描いたシナリオを具現化するためにミドルリーダーがとった行動です。

※左列と右列の見方：「課題意識を共有する」という目的共有を図るために（左），ミドルリーダーは，
　「現状を把握する」「重点目標や経営の重点を具体化する」といった行動様式を発揮しました（右）。

※複数あるミドルリーダーの行動の中から，特に4つの行動を取り上げ，その詳細を第3頁～第6頁に
　示しています。

【第3頁～第6頁の構成】

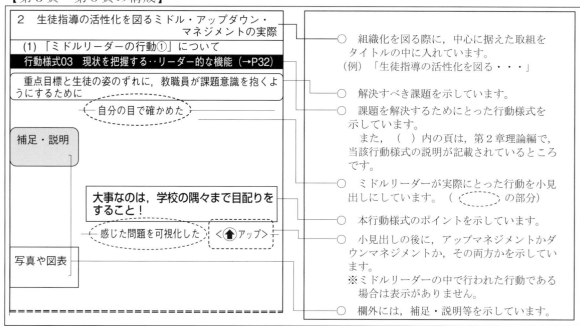

3　活用方法

○　パターン(1)：タイトルから興味をもった取組について読む。（※目次参照）
○　パターン(2)：シナリオの部分を見て，詳しく知りたい行動様式が位置付いている実践について読む。
○　パターン(3)：自分が参考にしたい役職の実践について読む。

事例－1　学年主任研修会の活性化に向けての実践
～「学力向上月別プラン」の活用を通して～
＜行動様式 01,02,17,05を中心に＞

1　学校の状況とミドルリーダーが描いたシナリオ

○　校長の経営ビジョン

　A小学校の校長は，自校の子供の，規範意識がやや低く，他律的な言動が多く見られ，学力の二極化が進んでいる実態から，教育課題を「学ぶ意欲，強い意志力，課題解決能力を高めること」であると見極めました。そして，本年度の重点目標を「学ぶことを誇りに思い，基礎・基本を身に付けた子供の育成」と設定しました。

　また，教職員の実態から経営課題を「高め合う組織運営（助け合う，補い合う，高め合うマネジメントの発揮）」であると分析し，「教えることを誇りに思う教職員としての意識の向上」「明るく爽やかな職場づくり」を基盤に，活力ある学校体制を構築したいと考えました。

○　教職員の状況

　A小学校の教職員は，高い目標をもって実践に取り組み，厳しく自己評価を行うことができます。しかし，自分の考えや経験を基に実践している教員が多く，校長が思い描く経営ビジョンの実現に向けて組織的に取り組んでいるとはいえない状況です。そのため学年間に取組の実施状況や意識の差が見られます。その要因の一つとして，学年主任研修会での話合いにおいて，学校の重点目標達成時のゴール像が十分に共有できておらず，また，学年主任同士の積極的なかかわりも見られていないことが考えられました。以上のことから，チーム化の三つの要件において，目的共有，相互作用を高めていく必要があるといえます。

○　ミドルリーダーが描いたシナリオ

　これらのことから，主幹教諭A（以下A先生）は，主に表3-1-1に示す【学校経営感覚】に基づいて，「学力向上月別プラン」の活用を中心として，学年主任研修会の活性化を図るシナリオを考えました（図3-1-1）。

表3-1-1　学年主任会の活性化を図ることにおいて発揮する学校経営感覚

課	重点目標達成のために，学校組織力を向上させる仕組み（推進組織とプロセス）を確立しなければならない。	【課題の見極め】
課	学年主任が活躍する学年主任研修会の在り方を提案したい。	【構想の視覚化】
課	学年の取組状況を見極め，必要な支援を行いたい。	【モニタリング】
モ	各種評価結果を整理し提示することで，取組の必要性を訴えたい。	【危機感の喚起】
モ	学年の取組に積極的に参加することで，苦労や喜びを共有したい。	【一体感】
モ	児童のよさや伸び，及び教職員の指導を称賛し，教職員に紹介することで貢献意識を高めたり，見通しを強化したりしたい。	【手応え感の伝達】

※　課…［課題解決の視座より］　　モ…［モチベーションの視座より］

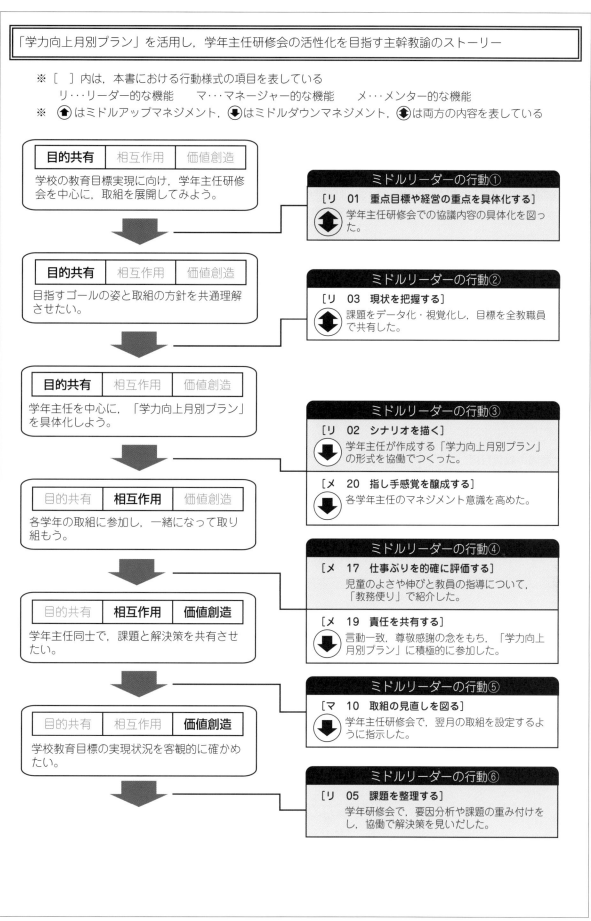

図3-1-1 「学力向上月別プラン」の活用を通して,学年主任研修会の活性化を図るストーリー

事例－1　学年主任研修会の活性化に向けての実践

2　学年主任研修会の活性化に向かうミドル・アップダウン・マネジメントの実際
(1)　「ミドルリーダーの行動　①」について

行動様式01　重点目標や経営の重点を具体化する …… リーダー的な機能（→P28）

> 学年主任が課題解決への具体的な見通しをもてるようにするために

	学力面の数値目標
短期	【単元末テスト】 下学年85点以上8割 上学年80点以上8割
中期	【学期末テスト】 下学年85点以上8割 上学年80点以上8割 【県テスト　年3回】 5,6年地区平均以上
長期	【学力・学習状況調査】 6年全国，県平均以上 【町学力実態調査12月】 5ポイントUP 50％以下前年比50％減

	意識の数値目標
年三回	【児童・保護者の学力向上に関する意識調査】 4段階評価で4と3の割合が85％以上

―― 数値目標を設定した ＜⬇ダウン＞ ――

　学校の課題を見極め，教職員の危機感を喚起したいと考えたA先生は，学年主任に，各種学力調査結果を学級ごとにデータ化・視覚化し，職員会議で提案することを促しました。各学級の学力データを全教職員に示すことは，学級担任の指導力量を公表することにつながります。しかし，学級間の実態を共通理解することで，A小学校の児童を，全教職員で助け合い，補い合い，高め合いながら指導することの必要性を訴えました。
　そのことを受け，学年主任は，学校全体として目標とする学力面の数値指標と，子供・保護者の意識の数値指標を設定していきました（左表）。数値で現状を表したり，基準を設定したりして具体化することは，全教職員が目標を共有することにつながりました。

―― 管理職の助言を基にスケジュールを具体化した
　　　　＜⬆アップ＞ ――

　そしてA先生は，「学年主任研修会」の協議を活性化させることから，重点目標である学力向上を推進していきたいと考え，管理職に相談しました。管理職からは，
・目標達成に向かうスケジュールを明確にすること
・学年主任が自分たちで取組を管理できるシステムを構築すること
という指導をいただき，月の取組を次のように設定しました。
① 学年主任研修会の場で，A先生と学年主任が協働で「学力向上月別プラン」の様式を作成する。
② 各学年でつくった学年プランを持ち寄り，学年主任研修会で検討する。
③ 当該学年研修会で，学年主任が「学力向上月別プラン」（学年プラン）を提案し，共通理解を図る。
④ A先生は，「教務便り」で称賛・報告する。

> **大事なのは，スケジュールを明示すること！**
> 　具体化するためには，ねらいや担当，期限等を明確にし，スケジュール化することが大切です。そうすることで，担当者が見通しをもって取り組めるようになり，任せた側も仕事の進捗状況を確認することができるようになります。

(2) 「ミドルリーダーの行動 ③」について

行動様式02　シナリオを描く …… リーダー的な機能（→P30）

学年主任が課題解決の具体的な実効策をもてるようにするために

—— 「月別プラン」を提案した＜⬇ダウン＞ ——

　学年主任研修会の活性化に向けてA先生は，「学力向上月別プラン」（以下，月別プラン）（図3-1-2）の作成，振り返りを学年主任研修会で行うことで，各学年主任がモチベーションを高めながら取り組んでいくシナリオを描きました。A先生はまず，重点目標と月別プランを連動させ，先月の反省をもとに翌月の改善点を記入する形式を提案しました。次に，月別プランの項目や記述内容を協働で決めていきました。そして毎月の学年主任研修会では，月別プランへの記載内容を基に，取組の進捗状況や子供，学年の教員の様子等を報告・検討するようにしました。

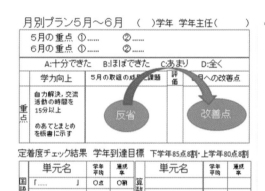

図3-1-2　学力向上月別プラン

> 「月別プラン」に「定着度チェック結果」の項目を設定し，年度初めに全教員で共有した学力面の数値目標達成度（単元末テスト，学期末テスト等の結果）を報告するようにしました。

—— 学年ごとに具体的方策を決めさせた＜⬇ダウン＞ ——

　A小学校の5～6月の重点は「きめ細かな指導・交流授業」（右表④）でした。学年主任が中心となり，各学年の教員が協働で，担当学年の児童の実態や学年教員の状況を十分に考慮しながら，「学年体育」「国語科研究授業」「初任者研修示範授業」「異教科，同教科による交換授業」等，学力向上の戦略を具体化しました。

　学年主任が，学年の教員と共にプランを作成することで，学年の課題が明確になり，学年の自主的な経営意識が醸成されていきました。そして，学年主任研修会で学年の実態や，取組案を報告することで，課題と解決策の共有を図り，全学年が重点目標達成に向けて進む基盤が構築されていきました。

> 「月別プラン」の重点項目
>
> ＜学力向上＞
> ①一貫しためあてとまとめ
> ②言語活動・交流活動の重視
> ③構造的な発問と板書
> ④きめ細かな指導・交流授業
> ⑤教材集・診断テスト・手引の活用
> ⑥保・幼・小中の連携
>
> ※　上記の重点項目から，月の重点を選択し，各学年で取組内容を決めました。

大事なのは，納得できるシナリオにすること！

　教職員の思いや願いを受け止め，「これなら，やってみたい。」と思う内容や方法を提案することが肝要です。そのためには学年，学級の実態に即した，具体的で柔軟性のあるシナリオを協働で作成することが大切です。

(3) 「ミドルリーダーの行動　④」について

行動様式17　仕事ぶりを的確に評価する……メンター的な機能（→P60）

学年主任のモチベーションを持続させていくために

―― 取組徹底へサポートした＜⬇ダウン＞ ――

学年主任研修会で決定した「月別プラン」の取組は，学年主任が担当学年に周知しますが，それが徹底につながるとはかぎりません。そこでA先生は，教務便り「週の行事予定」（図3-1-3）を活用し，各学年の取組の目的・内容・方法を全教職員で確認し，取組の徹底を図っていくようにしました。そして，それと同時に，学年主任を中心に学年チームとして目的を共有して取り組んでいる姿や，学年の教員同士で意見を交わしながら取組を進めてきた姿等を紹介し，価値付けを行いました。結果だけでなく，その過程を称賛することも大切なことです。

図3-1-3　教務便り「週の行事予定」（一部）

「週の行事予定」の中で，「月別プラン」の内容や学年主任の取組の成果にかかわる部分は，太字にしたり，アンダーラインを引いたりして強調するとともに，授業の様子を写真で紹介するなどして，意識付けを行っています。

―― 開かれた評価を行った＜⬆⬇アップダウン＞ ――

また，A先生は，取組の中で見られた児童のよさや伸びを，学年主任や指導者である学年教員にタイミングを逃さず伝えていきました。同時に，教務便りを通して，子供の成長と指導の様子を管理職をはじめとする教職員全体にも伝えるなど，開かれた評価を心掛けました。

大事なのは，「効力感」や「手応え」を残すこと！

「子供の成長」は教員の使命であり，喜びです。子供の成長を基に指導の価値を評価することで，「やってよかった」「これからもできそうだ」という「効力感」や「手応え」を残すことができます。

(4) 「ミドルリーダーの行動　⑥」について

行動様式05　課題を整理する……リーダー的な機能（→P36）

> 学年の取組をより高めていくために

―― 課題の掘り起こしを行った＜⬇ダウン＞ ――

学年主任研修会での報告・検討の場面では，先月の取組の課題について改善案を話し合います。そこでA先生は，多様な見方や立場から意見交流がなされるように，「教師の実態から」「児童の実態から」という視点を提示するとともに，他学年についての意見も述べるように促しました。

```
A先生　　　：○年生は，○組が達成度が低いようですが。
B学年主任：先生方はプラン通りの取組を行っているの
　　　　　　ですが，やはり児童の実態に差があって……。
C学年主任：児童の個人差は当然あると思いますが，教師
　　　　　　間で指導の徹底について差があるのではない
　　　　　　ですか？
D学年主任：私の学年も，他の学級と比べて，やや自信を
　　　　　　なくしている先生が見られます。具体的な方
　　　　　　策を提示しなくてはと考えています。
A先生　　　：どの学年も課題が見られるようですね。それ
　　　　　　では，○年生だけということではなく，どの
　　　　　　学年も一度集まって，課題を整理する場を設
　　　　　　定しましょう。
```

学年主任研修会は，お互いの取組状況を厳しくチェックし合う場ですが，そのことが学校全体の力（児童の力，教師の力）を高めていくことにつながるということを常に意識させておく必要があります。

―― 学年チームで検討させた＜⬆⬇アップダウン＞ ――

A先生は，課題解決策を協議する学年研修会を設定しました。そして，学年主任を中心に学年チーム全員で課題を洗い出し，課題の重み付けを行ったうえで，解決策を考えていきました。

その結果，「重点化する必要がある学級（単元）については，担任外（管理職を含む）がサポートに入るようにしてはどうか」という案が出されました。A先生は，このことを学年主任研修会で提案することにしました。

ワークショップ形式で学年会を行い，学年主任が中心となって実効策を検討しました。

大事なのは，「みんなで創る」こと！

課題を整理するときは，まず多様な立場から多面的，客観的に情報を集めましょう。そして，マトリクスシートやランキングシート等を基に全員で付箋などを操作しながら，課題の焦点化や方策の具体化を行いましょう。

事例-2　主題研究の日常化を進める実践
～ユニバーサルデザインの視点をいかした授業づくりを通して～
〈行動様式 02,10,11,17を中心に〉

1　学校の状況とミドルリーダーが描いたシナリオ

○　校長の経営ビジョン

　B小学校の校長は，社会を生き抜く子供を育成するために，自校の子供に自ら学ぶ力や，コミュニケーション能力を身に付けさせる教育を推進したいと考えています。そこで，重点目標を「日常の授業において達成感・充実感を味わうことができる子供の育成」と設定しました。そして，昨年度までの研究を踏まえた学校の実態から，経営課題を「学力向上に結びつく取組の意義や方法を共通理解し，学年や各部会等を中核に協働的に取り組む教員集団づくり」にしました。具体的には，ユニバーサルデザインの視点をいかした授業づくりを核とした，主題研究の日常化を図ることで，授業改善をもとにした組織力の強化を図りたいと考えました。

○　教職員の状況

　B小学校は各学年3～4クラスの中規模校であり，昨年度からユニバーサルデザインの視点をいかした授業改善に取り組んでいました。しかし，取組が個々の教員任せになっており，重点目標を意識した組織的な取組にはなっていませんでした。具体的には，研究授業ではない通常の授業においては，以前と同じく教師主導の授業を行っている学級があったり，ユニバーサルデザインの視点を取り入れた授業づくりの工夫について教員相互に交流する姿が見られなかったりする状況でした。以上のことから，チーム化の三つの要件において，特に，目的共有を重視する必要があったといえます。

○　ミドルリーダーが描いたシナリオ

　これらのことから，研究主任A（以下A先生）は主に表3-2-1に示す【学校経営感覚】に基づいて，教員の協働体制を構築しながら，主題研究の日常化を進めるために，ユニバーサルデザインの視点をいかした授業づくりに全教員を巻き込んでいくシナリオを考えました（図3-2-1）。

表3-2-1　主題研究の日常化を進めることにおいて発揮する学校経営感覚

課	校内研修では，教員同士に授業を見合わせたり，外部講師を有効活用したりして，授業力を向上させたい。【内外の資源を活用する】
課	全教員でユニバーサルデザインの視点をいかした授業づくりを行うことの価値に気付かせ，校内研修に参画させたい。【課題解決への巻き込み】
モ	研究授業などの授業研修会において，努力や成果を適切に評価することによって，教員のモチベーションを高めたい。【伸びと成長の承認】
モ	教員の指導や連携の取組を称賛し評価を共有することで，教員の効力感を高め取組の継続・発展を図りたい。【手応え感の伝達】

※　課…［課題解決の視座より］　　モ…［モチベーションの視座より］

第3章 ミドルリーダーによるマネジメントの実際

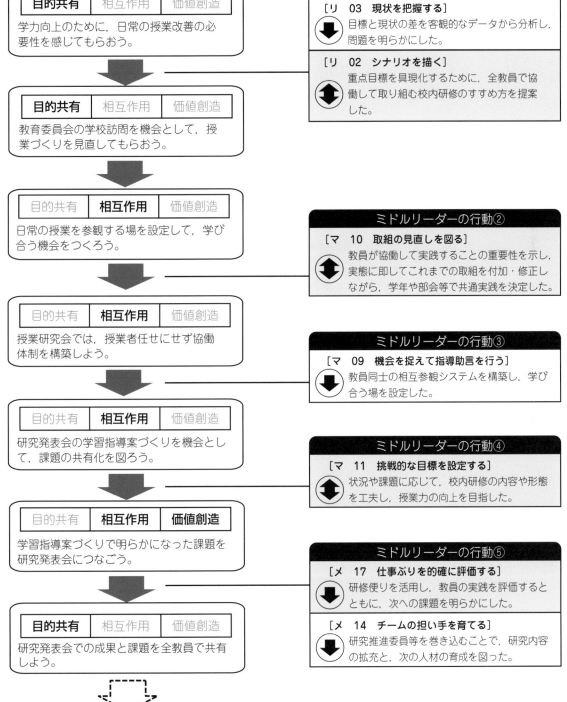

図3-2-1　ユニバーサルデザインの視点をいかした授業づくりを通して，主題研究の日常化を進めるストーリー

事例－2　主題研究の日常化を進める実践

2　主題研究の日常化を進めるミドル・アップダウン・マネジメントの実際
(1)　「ミドルリーダーの行動　①」について

行動様式02　シナリオを描く …… リーダー的な機能（→P30）

教員に見通しをもたせ，ビジョンの具現化を図るために

> ユニバーサルデザインの視点をいかした授業づくりとは，シンプル・クリア・ビジュアル・シェアという4つの視点を授業にいかすことです。

―― ビジョンの具現化を構想した ――

研究主任のA先生は，校長が示すビジョンを具現化するために，昨年度から取り組んでいるユニバーサルデザインの視点をいかした授業づくりの日常化を図ることを考えました。

その際，教員が見通しをもって，無理なく取り組むことができるようにスモールステップで授業力を高めることを構想しました（図3-2-2）。

具体的には，「学校訪問」「研究発表会」を節目とした以下の計画を立てました。

図3-2-2　A先生が描いたシナリオ

- □　学校訪問に向けて…シンプル・クリア・ビジュアル・シェアの4つの視点から学習指導案をつくる。
- □　研究の日常化に向けて…相互授業参観システムを構築し，授業づくりについて学び合う。
- □　研究発表会に向けて…授業研究で明らかになった課題を共有し，解決していく。

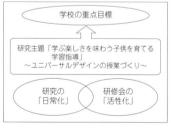

構想を具現化する提案スライド

―― 管理職に相談し助言を受けた ＜⬆アップ＞ ――

A先生は，この計画を管理職に相談しました。管理職からは，研究主任の一方的な働きかけにならないよう，「取り組む意義を共通理解する場を設けること」という助言を受けました。

そこで，A先生は，校内研修会でプレゼンテーション等を用いて，ユニバーサルデザインの授業づくりに取り組む意義や，授業づくりにおいて4つの視点がいかに大切かを丁寧に説明しました。その結果，取り組む内容を多くの教員に納得してもらい，研究を順調にスタートさせることができました。

大事なのは，管理職に相談すること！
教員の理解を得るために，シナリオの価値を丁寧に説明することが必要です。その際，後ろ盾として管理職の価値付けや意味付けが得られると説得が容易になることがあります。管理職の同意を得ておくことは大切なことです。

(2) 「ミドルリーダーの行動 ②」について

行動様式10　取組の見直しを図る …… マネージャー的な機能（→P46）

学年や各担任まかせにせず，協働的な取組にするために

―― 現状分析から取組を見直した ＜⬇ダウン＞ ――

　A先生は，年度当初の提案により教員の共通理解はできたと考えていましたが，次第に，取組にばらつきが出てきました。

　A先生は，教室を訪問し，先生方の授業を参観しながら，取組を見直すことが必要だと考えました。そこで，学年間，学級間の取組の差をなくし，授業改善を進める方策について，研究推進委員会で協議しました。

「ふらっと参観」とは

※当該学年だけでなく，"誰でも""いつでも"自分の都合のつく時間に参観できる体制です。5〜10分でも授業を参観することで，研究内容だけでなく，授業技術についても交流することができます。

【研究推進委員会での協議】
☐　他の先生と授業を見合う機会をなるべく多くとりたいと思うのですが，時間が合わなくて……
☐　研究授業の授業時間すべてを参観することは，自分の学級を空けなければならないので，なかなか見に行くのが難しいですよね。何か，よい工夫はないでしょうか？
　　⬇
☆　負担感を感じず，授業力を高め，誰でも気軽に参観できる「ふらっと参観」を導入したらどうでしょう。
（☐…協議での意見　☆…改善の提案）

―― 教員のアイディアをいかした
　＜⬆⬇アップ・ダウン＞ ――

　A先生は，「ふらっと参観」を実施するだけではなく，協働意識を高めるために，授業者と参観者を結ぶ取組はないかと，さらに働きかけました。するとB先生から，授業の課題やよさを共有することができる「授業者へのメッセージシート」を作成し，授業者と参観者を結ぶ取組を行うことが提案されました。A先生は，この提案を大事にし，研究推進委員会で検討した後，実施に移すことにしました。

【課題：ここを改善するともっとよくなる！】
※代案もお願いします。
「話題を焦点化する」「手順を示す」「具体物を使って説明させる」を明確にした話合いを行うことが大切だと思います。

【質問：ここが聞いてみたい！】
本時における関係づくりとはどのようなことですか？

【感想：授業を見て，こう感じました！】
子供たちが意欲的に学習に取り組む姿勢に感動しました。

授業者へのメッセージシート

教員のアイディアをいかすことが大事です！

　トップダウンからは教員の主体的な実践を生み出すことはできません。協議する中で個々のアイディアを引き出し，方策を決定させることが，教員の主体的な実践へとつながるのです。

事例－2　主題研究の日常化を進める実践

(3)　「ミドルリーダーの行動　④」について

行動様式11　挑戦的な目標を設定する …… マネージャー的な機能（→P48）

マンネリ化した教員のモチベーションを上げるために

―― 目標を集団決定させた ＜⬇ダウン＞ ――

　相互授業参観システム「ふらっと参観」が定着し，教員の相互作用は活発になりましたが，授業の質の高まりについては十分といえる状況ではありませんでした。具体的には，指導内容の具体化・焦点化が図られ，ねらいのはっきりした授業が展開されるようになった一方，教師主導の流れとなり，子供の主体的な姿があまり見られませんでした。

　A先生は，教員にこの現状に気付かせ，更なる授業改善に向かわせることをねらってワークショップ研修を設定しました。

　協議を進めていく中で，「子供が表現活動や交流活動を行う時間が短いこと」「教員が見通しまで押しつけてしまうような授業スタイルになっていること」等の問題が明らかになりました。このことから，「子供が生き生きと考えを交流する授業づくり」という，高い水準ではありますが，魅力的な目標が設定されました。

　A先生は，研修会の最後に，他校で研究発表会が行われた際に撮影しておいた，交流活動が活発に行われている授業の映像を提示しました。映像中の子供の笑顔や，主体的に学ぶ姿を見る教員の顔からは，このような授業に対する憧れや，これからの実践への期待がうかがわれました。

ワークショップ研修の様子

　A先生が，このような画像を手に入れていたのは偶然ではありません。A先生は，研究で課題となっている交流活動の活性化を何とか実現させたいという強い思いを抱いていました。それで，常にアンテナを張り，有益な情報を集めていたのです。

　このような，ミドルリーダーの情熱が，重点目標を具現化する原動力となるのかもしれません。

大事なのは，目標に魅力を感じさせること！
　目標を達成することが，「子供の笑顔や喜び」「学校に対する周囲からの信頼や期待の高まり」「集団や教員自身の更なる成長」につながるという波及効果に気付かせるようにしましょう。

―― 取組の価値を実感させた ＜⬆ダウン＞ ――

　教員の実践意欲の高まりや，子供の変容を感じたA先生は，このことを学校便りで紹介してもらうよう，校長に依頼しました。学校便りが出されると，保護者から，「子供が，授業が楽しいと言っています」「授業参観のとき，子供が生き生きしていました」等の声が聞かれました。

　困難な目標に挑戦させるからこそ，教員に，「やってよかった」という充実感を味わわせることができるのです。

(4)「ミドルリーダーの行動 ⑤」について

行動様式17 仕事ぶりを的確に評価する …… メンター的な機能（→P60）

教員に効力感や手応えを感じさせるために

―― 研修便りを発行した ＜⬇ダウン＞ ――

　第六学年の国語科，説明的な文章において「筆者が挙げた事例の効果」を読み取る内容で行われたC先生の授業後，A先生は，次のような内容の研修便りを発行しました。

【成果や称賛する内容として】
・前回の研究授業において課題となった，「学ぶ切実感を子供にもたせるための導入の工夫」を解決する手立てを講じたこと（これまでの課題の解決）
・ノート指導を徹底し，一時間一時間学びを積み上げ，子供を鍛えていること（教員の「こだわり」への称賛）

【課題や課題を解決する見通しの内容として】
・交流活動を活性化させるために，発問の工夫や精選を行うこと（「交流活動の充実」という重点内容の解決）
・グループ交流において，子供の思考を促す上で，「どちらが〜か？」「どれが一番〜か？」といった収束を図る発問が有効であること（同上）

> 研修便りをつくる際に
> A先生が留意していること
>
> □ 各授業者の「こだわり」
> 　から称賛する
> □ 学校のチーム化の観点
> 　から価値付ける
> 　・重点目標の解決が意識
> 　　されているか
> 　　　　　（目的共有）
> 　・前回までの課題を解決
> 　　しようとしているか
> 　　　　　（相互作用）
> 　・創意工夫を加え提案性
> 　　があるか（価値創造）

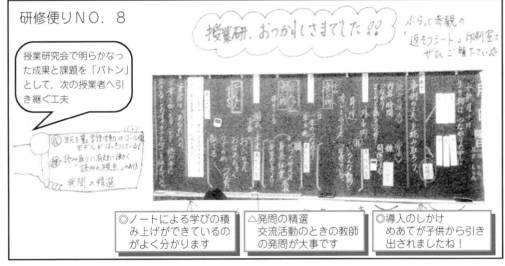

図3-2-3　A先生が発行した研修便り（一部）

　この研修便りから，C先生は，自分が大切にしてきたノート指導には価値があること，課題解決に寄与することができたことを実感し，大きな達成感を得ることができました。

> □ 板書や子供の表現物を
> 　そのまま掲載する
> 　※可視化することで授業
> 　　のよさを具体的に実感
> 　　させ，伝えることがで
> 　　きます。

大事なのは，「こだわり」と「チーム化」の観点から褒めること！

・教員が特に大切にしていることを見極めて褒めましょう。
・目的共有・相互作用・価値創造の観点から褒めましょう。

事例－3　授業改善に全教員を巻き込む実践
～初任者研修における参観授業の取組を通して～
＜行動様式 04, 18, 15, 17を中心に＞

1　学校の状況とミドルリーダーが描いたシナリオ
○　校長の経営ビジョン

　C小学校の校長は，基本的な生活習慣の定着，規範意識の育成に重点を置いた学校経営を行ってきました。その結果，子供たちは落ち着いた態度で学習に取り組んだり，規律ある行動をとったりすることができるようになってきました。しかし，学力という視点からは，特に，思考力・判断力・表現力の育成に課題が見られました。そこで，本年度の重点目標を「自分の考えをつくり，分かりやすく表現する子供の育成」，経営の重点を「交流活動の充実を目指す授業づくり」と設定しました。特に，目指す子供の姿や，課題解決の方策を共有する場の設定，初任者研修に全教員を巻き込む取組を行うことから，学校のチーム化を図りたいと考えました。

○　教職員の状況

　教職員の構成は，40代以上のベテラン層が，およそ8割を占め，後は，初任者2名を含む若年層となっています。ベテラン層が多いため，確かな経験に基づいた指導から，子供の学習規律や，生活態度の育成は徹底され，落ち着いた雰囲気の中で教育活動が展開されていました。しかし，これまでの自分の授業スタイルに固執し，授業改善の必要性をあまり感じていない教員が多く見られました。具体的には，校内研修で交流活動の工夫について学ぶ機会があっても，児童観や指導観について意見を出しながら，学び合おうとする姿が見られませんでした。以上のことから，チーム化の三つの要件において，特に，価値創造に向かおうとする意識に課題がある状態であったといえます。

○　ミドルリーダーが描いたシナリオ

　主幹教諭A（以下A先生）は，主に表3-3-1に示す【学校経営感覚】に基づいて，初任者指導教員との連携を図りながら，初任者の指導力向上をねらいとした参観授業の取組を展開することで，全教員を授業改善に巻き込んでいくシナリオを考えました（図3-3-1）。

表3-3-1　授業改善に全教員を巻き込むことにおいて発揮する学校経営感覚

課	全教員で初任者への指導にかかわることによって，初任者の力量を高めることができるという価値に気付かせ，初任者指導に参画させたい。　　　　　　　【課題解決への巻き込み】
課	初任者への指導に，教師の専門性をいかしたり，各組織に明確な役割を与えたりして，全教員が力量アップに努めるようにしたい。　　　　　　　　　　　　【内外資源の活用】
モ	全教員に「よりよい交流活動の在り方」について学ぶための参観授業の機会を設け，それに向けて努力する教員の姿を引き出したい。　　　　　　　　　　　【緊張感の醸成】
モ	教員の初任者に対する指導が，初任者の力量を高めたことを伝える場を設定し，教員に有用感をもたせ，授業改善への努力を継続させたい。　　　　　　　【手応え感の伝達】

※　課 …［課題解決の視座より］　　モ …［モチベーションの視座より］

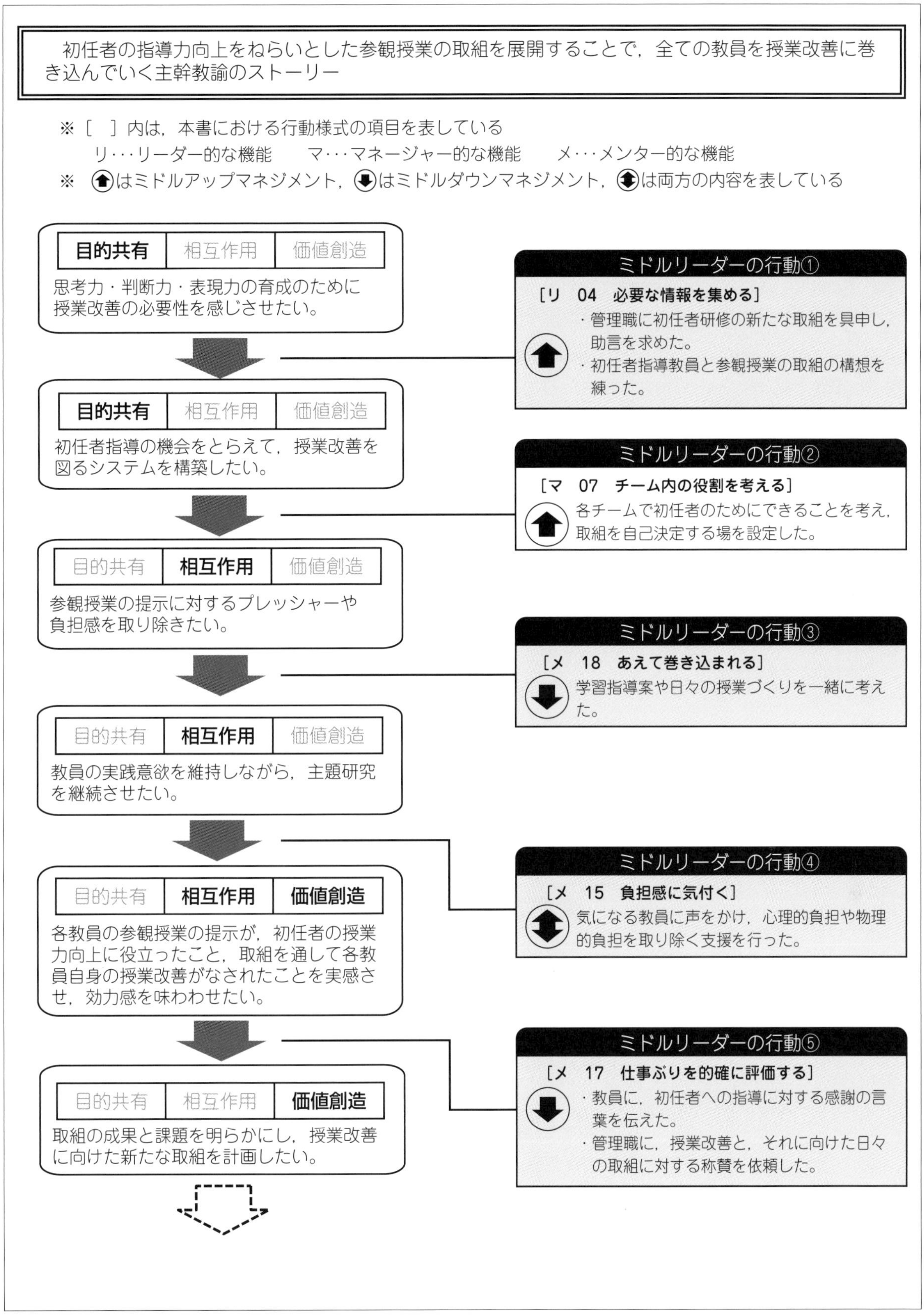

第3章　ミドルリーダーによるマネジメントの実際

初任者の指導力向上をねらいとした参観授業の取組を展開することで，全ての教員を授業改善に巻き込んでいく主幹教諭のストーリー

※　[　]内は，本書における行動様式の項目を表している
　　　リ…リーダー的な機能　　マ…マネージャー的な機能　　メ…メンター的な機能
※　⬆はミドルアップマネジメント，⬇はミドルダウンマネジメント，⬍は両方の内容を表している

目的共有	相互作用	価値創造

思考力・判断力・表現力の育成のために授業改善の必要性を感じさせたい。

ミドルリーダーの行動①
[リ　04　必要な情報を集める]
⬆
・管理職に初任者研修の新たな取組を具申し，助言を求めた。
・初任者指導教員と参観授業の取組の構想を練った。

目的共有	相互作用	価値創造

初任者指導の機会をとらえて，授業改善を図るシステムを構築したい。

ミドルリーダーの行動②
[マ　07　チーム内の役割を考える]
⬆
各チームで初任者のためにできることを考え，取組を自己決定する場を設定した。

目的共有	**相互作用**	価値創造

参観授業の提示に対するプレッシャーや負担感を取り除きたい。

ミドルリーダーの行動③
[メ　18　あえて巻き込まれる]
⬇
学習指導案や日々の授業づくりを一緒に考えた。

目的共有	**相互作用**	価値創造

教員の実践意欲を維持しながら，主題研究を継続させたい。

ミドルリーダーの行動④
[メ　15　負担感に気付く]
⬍
気になる教員に声をかけ，心理的負担や物理的負担を取り除く支援を行った。

目的共有	**相互作用**	**価値創造**

各教員の参観授業の提示が，初任者の授業力向上に役立ったこと，取組を通して各教員自身の授業改善がなされたことを実感させ，効力感を味わわせたい。

ミドルリーダーの行動⑤
[メ　17　仕事ぶりを的確に評価する]
⬇
・教員に，初任者への指導に対する感謝の言葉を伝えた。
・管理職に，授業改善と，それに向けた日々の取組に対する称賛を依頼した。

目的共有	相互作用	**価値創造**

取組の成果と課題を明らかにし，授業改善に向けた新たな取組を計画したい。

図3-3-1　初任者研修における参観授業の取組を通して，授業改善に全教員を巻き込むストーリー

事例－3　授業改善に全教員を巻き込む実践

2　授業改善に全教員を巻き込むミドル・アップダウン・マネジメントの実際
(1)　「ミドルリーダーの行動　①」について

行動様式04　必要な情報を集める …… リーダー的な機能（→P34）

交流活動を位置付けた授業づくりに，全教員を巻き込むシナリオを描くために

──── アンテナを張った ────

A先生は，経営の重点である「交流活動の充実を目指す授業づくり」を何とか具現化したいと考えていました。そこで，主幹教諭対象の研修会の場で，「教員を主題研究に積極的にかかわらせたいと考えているが思うようにいかない。よい方法はないだろうか」と，自校の課題を話してみました。すると，複数の主幹教諭から，以下の情報を得ることができました。

①研究テーマは設定するが，それを行う教科や領域は各教員に任せている。
②各学年で授業改善に取り組ませ，切磋琢磨し合える仕組みをつくっている。
③初任者研修での参観授業に全教員を巻き込むことで，主題研究の充実を図っている。

A先生は，③の助言を聞いたとき，「これだ！」と思いました。初任者が二人いる，ベテラン層が多い，という自校の実態にぴったりだと感じたからです。

A先生は，研修会の後も，助言をくれた主幹教諭のもとに通い，「失敗させないように小まめに支援すること」「よいところは大いに認め，効力感を抱かせること」等，ポイントとなる価値ある情報をたくさん得ることができました。

> アンテナを張るという行動は，重点目標を具現化したいという強い思いから生まれます。ミドルリーダーは，常に重点目標を意識しながら，教育活動に当たることが求められます。

初任者研修における授業研修の形態
- 授業研究
  …初任者自身が授業を行い，指導を受ける。
- 示範授業
  …指導教員が授業を行い事後指導を行う。
- 参観授業
  …先輩の先生方が授業を公開する。

大事なのは，積極的にアンテナを張ること！
待っていても必要な情報は入ってきません。自分と同じ課題をもっていそうな人たちが集まる場で，自分の思いを積極的に伝えたり，努めて情報が集まりそうな研修会等に参加したりすることが大切です。

──── 管理職に進言し，助言を得た ＜🔺アップ＞ ────

A先生は，初任者研修の場を利用して，教員を授業改善に巻き込む取組を行うことを管理職に進言しました。すると，すぐに賛同してくれ，「B先生は，国語科の説明文の単元で授業してもらうといい」「C先生は，前任校で，交流をテーマとした研究に取り組んでいた」等，A先生が知らなかった多くの情報を提示してくれました。

A先生は，積極的に情報を発信したことで，必要とする多くの情報を入手し，具体的なシナリオを描くことができました。

(2) 「ミドルリーダーの行動 ③」について

行動様式18　あえて巻き込まれる …… メンター的な機能（→P62）

教員に，自分も，初任者も学ぶことができる授業をつくらせるために

―― 進捗状況を見守った ＜⬇ダウン＞ ――

　A先生は，初任者が参観する道徳の授業公開を間近に控えている5年目のD先生の様子を見守ることにしました。具体的には，放課後，D先生の教室をのぞいたり，週指導計画案で励ましの言葉を掛けたりしました。

　D先生の教室の前を通りかかると，授業の板書計画をしているところでした。A先生が，「頑張っていますね」と言葉を掛けて教室に入ると，「表情図をもとにした交流を仕組もうと考えていますが，うまくいかなくて困っています」と，相談してきました。

　A先生は，「表現活動ありきではないですよ。内容を捉えさせるために一番有効な手立てを考えるのですよ」と，本質的なことを助言するとともに，「自分だったら～しますよ」と板書を使いながら具体的に代案を示しました。

> ミドルリーダーの教職員へのかかわり方は，教職員の成熟度に応じて変化させることによって，より効果的にすることができます。
> D先生の成熟度は，以下に示す表の①に当たります。そこで，A先生は，具体的な代案を示すといったかかわり方をしたのです。
> ↓

同じ立場にたって巻き込まれましょう！

　経験が少ない教員へは，相手の理解できるレベルを見極めて，指導助言を行うようにします。難しい言葉を使わずに丁寧に説明したり，具体的に代案を示したりすることが大切です。また，相手が支援を必要としているタイミングを逃さないことも大切なことです。

―― よさを認め，波及させた ＜⬇ダウン＞ ――

　参観授業の当日，D先生は，生き生きと授業を展開し，交流活動も内容を捉えさせる上で有効なものとなっていました。

　授業後，A先生は，「表情図を役割演技に変えたことで，交流活動が活性化し，ねらいにせまる授業となりましたね。初任者だけでなく，先生方のよいお手本になりました」と，ねぎらいの言葉を掛けました。さらに，校内研修の折にD先生の授業から学べることとして以下の二点を先生方に紹介しました。

- ○　表現活動は，内容を捉えさせるのに有効であるという根拠のもとに設定すること
- ○　交流活動を活性化させるためには，多様さを引き出すことが大切であること

　A先生は，今回の参観授業を通して，D先生の積極性を引き出すとともに，交流活動のポイントを全教員に広げることができました。

教職員の成熟度に応じたかかわり方

＜①成熟度が低い教職員＞
- ○細かく具体的に指示して相手の行動を促す。
- ○意志決定はリーダーが行う。

＜②やや未成熟の教職員＞
- ○指示を減らして，こちらの考えを説明し，疑問に答えるようにする。
- ○方策を提示して選択させたりするなど，意志決定を相手にさせるようにする。

＜③成熟度の高い教職員＞
- ○指示を減らして相手の考えを尊重し，価値付け・意味付けをする。
- ○より効果の高い課題解決策など，高水準の仕事ができるように意志決定の情報提供などを行う。

＜④成熟した教職員＞
- ○最小限の指示をする。信頼感を伝え，進捗状況と成果の報告を求める。
- ○仕事の権限や責任を委譲し，合意の上で仕事の目標・内容・方法を決めさせる。

事例-3 授業改善に全教員を巻き込む実践

(3) 「ミドルリーダーの行動 ④」について

行動様式15　負担感に気付く ...... メンター的な機能（→P56）

教員の実践意欲を維持しながら，参観授業への取組を継続するために

教職員の抱える負担について

E先生がもっていた負担感

○物理的負担
　…学習指導案を短期間で仕上げなければならない多忙感・疲労感
○心理的負担
　…母親の病状がもたらす不安，看病など目に見えない負担感

――― 気になる先生に声を掛けた ＜▼ダウン＞ ―――

　A先生は，いつもは早目に帰宅しているE先生が，数日前から夜遅くまで残って仕事をしていることに気付いていました。また，パソコンを打つ手が止まりがちで，ため息をつく様子から，参観授業の授業づくりで困っていることがあるのではないかと思いました。そこで，「E先生，近頃ますます頑張っていますね。無理されていませんか」と声を掛けました。
　すると，E先生は，「来週から，母親が入院することになりました。それで，学習指導案をそれまでに完成させないといけないので，焦っています」と，悩んでいることを教えてくれました。

大事なことは，積極的に声を掛けることです！
　表情や身だしなみ等の様子の変化や，帰宅時刻が違う等，行動の変化に気が付いたら，積極的に話しかけてみましょう。これらの変化は，教職員の物理的負担や心理的負担のサインかもしれません。

――― 悩みを軽減した ＜▲▼アップ・ダウン＞ ―――

　E先生の悩みを知ったA先生は，参観授業の計画を一部変更し，E先生の順番を遅らせることを考えました。参観授業の時期を変えることで，E先生が，母親の看病に専念し，落ち着いた頃に学習指導案づくりに取り組ませたいと考えたからです。
　校長に相談した後，この旨を先生方に伝えると，快く受け入れてくださり，職場に温かな雰囲気が広がりました。また，E先生も大変喜ばれました。
　母親の病状が落ち着き，E先生は，参観授業の準備を始めました。その姿勢はとても熱心なもので，公開された授業も大変素晴らしい内容でした。
　数週間後，A先生は，E先生に，「もう，落ち着かれましたか。困っていることがあったら，いつでも言ってください」と，声を掛けました。E先生は，「気にしてくださってありがとうございます」と笑顔で応えました。

　A先生は，今回の働きかけを通して，E先生の大きな信頼を獲得しました。そして，このことは，様子を見ていた教職員集団の信頼の獲得にもつながりました。

> 悩みに気付いたら，相談に乗ったり，解決するために力を尽くしたりするのは，人間として当たり前で，学校のチーム化のためではありません。
> しかし，このような人間のつながりが，結果として，教職員の所属感や貢献意欲を醸成し，仕事に対するモチベーションを高め，学校のチーム化の原動力となるのです。

(4) 「ミドルリーダーの行動 ⑤」について

行動様式17　仕事ぶりを的確に評価する …… メンター的な機能（→Ｐ60）

> 教員に「効力感」を味わわせたり，「手応え」を感じさせたりするために

――― その先生ならではのよさを褒めた ＜⬇ダウン＞ ―――

　Ａ先生は，教室訪問の際に，Ｆ先生の学級の子供が，とても活発に意見を述べ合い，内容を深めていく姿を目にし，感心していました。そこで，「子供に力を付けるために，日頃から取り組まれていることがあるんじゃないですか」と尋ねてみると，Ｆ先生が，朝タイムを利用して次のような取組をされていることが分かりました。

```
　　　　　「二枚の写真から」（Ｆ先生の取組）
①二枚の写真を提示し，どちらがよいかを決めさせる。
　（もし住むとしたら，都会がよいか，田舎がよいか　など）
②選んだ理由を友達に説明させる。
```

　Ｆ先生の参観授業は，子供が主体的に交流を深める素晴らしいものでした。Ａ先生は，教務便りで，授業における手立ての有効性，子供の姿だけでなく，Ｆ先生が，日常的な取組を積み重ねながら計画的に子供に力を付けようとしていることを称賛しました。
　このことは，Ｆ先生に手応えと効力感を味わわせるとともに，交流活動の活性化を図る取組を充実させることになりました。

個に応じた価値付けをしましょう！
　適切に評価するに当たっては，同じような仕事ぶりを同じような内容で評価するのではなく，子供と同じように個に応じて考えることが大切です。自分の「こだわり」を褒められたときの喜びは格別なものだからです。

――― 初任者の伸びに触れさせた ＜⬇ダウン＞ ―――

　参観授業が，初任者の授業力の向上に大きな成果をもたらしたことを実感したＡ先生は，初任者指導教員（拠点校）から初任者の成長ぶりを，初任者から感謝の言葉を，それぞれ述べてもらうことにしました。話を聞いているとき，どの教員の表情からも，取り組んでよかったという充実感がうかがわれました。

　自分の取組が他者や重点目標達成のためによい影響を及ぼしたという手応えや効力感を味わわせることは，次の新たな取組（価値創造）への大きな原動力となりました。

初任者の言葉

　参観授業を通して，授業づくり，授業の進め方だけでなく，子供との接し方，教室環境等，多くのことを学ぶことができました。1学期に比べると，授業中の子供の発言が増え，授業をするのが楽しくなってきました。
　不安なことばかりで，最初の頃は，「やめたい」と思ったこともありました。今は，「教師になって本当によかった」と思っています。先生方のお陰です。これからも努力するので，よろしくお願いします。

事例−4　小規模校において協働指導体制を構築する実践
～「朝タイム」の取組を通して～
＜行動様式 05,07,15,10 を中心に＞

1　学校の状況とミドルリーダーが描いたシナリオ

○　校長の経営ビジョン

　D小学校の校長は，自校の子供が素直で活動的である実態をいかし，更に子供の潜在的な能力を伸ばし，将来生きてはたらく力を育てる教育を推進したいと考えていました。そして，教育課題は「基礎・基本の習得を出発点とした学力向上」であると見極め，本年度の重点目標を「じっくり考え，自ら表現し，行動する子供の育成」と設定しました。また，教職員の実態と小規模校であるという特色から，経営課題を「授業改善力の更なる向上（小規模校指導体制の工夫）」であると分析し，教員が互いに学び合い・高め合う研修の場の確保や，協働指導体制の構築を進め，目標達成を図りたいと考えました。

○　教職員の状況

　教職員の構成は，経験数年の若年層とベテラン層が多く，中堅層の割合が少ないという二極化の状態です。教職員は，自分の役割に関しては誠実に取り組んでいるものの，現状に満足しており，重点目標の達成意識に差がある状況です。また，ベテラン層の能力が若年層の人材育成にいかされておらず，若年層の授業づくりに積極的にかかわる場面が少ない状況です。以上のことから，チーム化の三つの要件において，特に相互作用を重視してチーム化を進める必要があるといえます。そして，教員同士の相互作用が行われることにより，学校として学力向上の取組の活性化が期待できます。

○　ミドルリーダーが描いたシナリオ

　これらを踏まえて，学力向上コーディネーターである主幹教諭A（以下A先生）は，主に表3-4-1に示す【学校経営感覚】に基づいて，基礎・基本を中心とした学力向上を目指して教職員の協働指導体制の構築を図り，学校のチーム化に全教職員を巻き込んでいくシナリオを考えました（図3-4-1）。

表3-4-1　小規模校において協働指導体制を構築することにおいて発揮する学校経営感覚

課	重点目標達成のために，基本的な学力を向上させなければならない。	【課題の見極め】
課	学力向上コーディネーターとして，学力の基盤となる日常的な取組を提案したり，一般・主題研修と連動させたりして課題を解決したい。	【課題解決への巻き込み】
課	組織メンバーの言動からメンバーのよさを把握し，必要な支援策を講じたい。	【モニタリング】
モ	事前の話合い→準備→実践→評価と，朝タイムを複数教員で協働実践することにより，教職員のチーム体制づくりを図りたい。	【一体感】
モ	子供のよさや伸び，及び教職員の指導を称賛し，教職員に紹介し，全体に広げることで貢献意識を高めたり，自信を深めさせたりしたい。	【手応え感の伝達】

※　課 …［課題解決の視座より］　　モ …［モチベーションの視座より］

第3章 ミドルリーダーによるマネジメントの実際

「朝タイム」の取組を通して，小規模校での協働指導体制構築を図り，チーム化に向かう学力向上コーディネーターのストーリー

※ ［　］内は，本書における行動様式の項目を表している
　　　　リ…リーダー的な機能　　マ…マネージャー的な機能　　メ…メンター的な機能
※ ⬆はミドルアップマネジメント，⬇はミドルダウンマネジメント，⬍は両方の内容を表している

| **目的共有** | 相互作用 | 価値創造 |

学力向上についての重点目標を具体化した取組に巻き込みたい。

ミドルリーダーの行動①

［リ　05　課題を整理する］
⬇ 児童の実態と教職員の意識を基に，学力向上を図る「朝タイム」を計画した。

［リ　02　シナリオを描く］
⬍ 基礎・基本を高める「朝タイム」の運営に巻き込み，教職員の質的向上の見通しを立てた。

| 目的共有 | **相互作用** | 価値創造 |

学力向上コーディネーターとして，研究主任と連携しながら取組を進めたい。

ミドルリーダーの行動②

［マ　08　評価指標の設定を促す］
⬇ 「朝タイム」における取組指標と成果指標を，学年主任と共同で設定した。

| 目的共有 | **相互作用** | 価値創造 |

「朝タイム」における内容，方法，目指す子供像を具体化しよう。

ミドルリーダーの行動③

［マ　07　チーム内の役割を考える］
⬍ 「朝タイム」実施の教員の組み合わせを，能力を生かし合える編成に工夫した。

| 目的共有 | **相互作用** | 価値創造 |

学力向上の取組を進め，各学年で進捗状況を把握してもらおう。

ミドルリーダーの行動④

［メ　15　負担感に気付く］
⬇ 多忙感を感じさせないよう，コミュニケーションを心掛け負担を軽減した。

［メ　20　指し手感覚を醸成する］
⬇ 「朝タイム」での子供の様子から，成果とその理由を考えさせた。

| 目的共有 | **相互作用** | **価値創造** |

取組から見られる内容的，方法的課題と解決策を具体化したい。

ミドルリーダーの行動⑤

［マ　10　取組の見直しを図る］
⬍ 積極的な情報交換とアンケートの実施により，「朝タイム」の内容や方法を見直した。

| 目的共有 | **相互作用** | **価値創造** |

取組の達成状況を子供の変容から客観的に確かめたい。

ミドルリーダーの行動⑥

［メ　17　仕事ぶりを的確に評価する］
⬍ 子供の高まった姿と教職員のチーム化の状態を客観的な視点から評価した。

| 目的共有 | 相互作用 | **価値創造** |

複数指導体制による学力向上と子供の高まった姿を共有したい。

図3-4-1　「朝タイム」の取組を通して，小規模校において指導体制を構築するストーリー

事例−4　小規模校において協働指導体制を構築する実践

2　小規模校において協働指導体制を構築するミドル・アップダウン・マネジメントの実際
(1)　「ミドルリーダーの行動　①」について

行動様式05　課題を整理する……リーダー的な機能　（→P36）

学力向上に関する取組を，共通の課題として捉えるために

学力調査結果や業者テストの結果から，個に応じた基礎・基本の定着を目指す取組として「朝タイム」を行うことを考えました。

朝タイムの概要

○ 毎朝，1時間目の前に15分間実施する。
　（8：40～8：55）
○ 曜日ごとに以下の内容で実施する。
　（月）漢字・計算タイム
　（火）読書タイム
　（水）漢字・計算タイム
　（木）辞書タイム
　（金）漢字・計算タイム
○ 指導内容の詳細は担任が計画する。
○ 複数教員で指導する。

複数教員での朝タイム

課題を重み付けする視点

〈緊急性〉…緊急な改善を必要とするか
〈方向性〉…取組改善のイメージを共有できるか
〈実効性〉…改善の有効性を確かめられるか

―― 現状の分析から取組を考えた ――

「基礎・基本の習得」を，徹底したいと考えたA先生は，学力向上にかかわる日常的な取組として何ができるかを考えました。どの担任も基本的な学習指導はきちんと行っているS小学校ですが，個別の指導を必要とする子供は少なくありません。

ある先生との会話で「各担任のやり方でやっていて大丈夫でしょうか」という言葉を耳にしたA先生は，教員各自が「学力を向上させなければ」という問題意識をもっていながらも，実際は動き出せていないことに自らも気付き，協働の取組を行う必要性を感じました。

―― 取組を教員全員で検討した ＜⬇ダウン＞ ――

しかし，「個別の指導が必要な状況」といっても課題は内容面・方法面と様々です。そこでA先生は，ワークショップ研修を企画し，ランキングシートを活用して課題を教員全員で検討，分析しました。その結果，「内容の重点化」「協働実践」「ペア体制」というキーワードが整理され，全校で「朝タイム」の見通しをもつことができました。

ワークショップで課題を掘り起こす！
要因の分析や分析に基づく課題の掘り起こしなどは，ミドルリーダーが一人で考えるのではありません。教職員全員で考えることが大切です。「みんなの力でよい実践を創る」というマネジメントの積み上げは，後に相互作用や価値創造につながります。

―― 課題の重み付けを学年で検討した ＜⬇ダウン＞ ――

朝タイムの実践に向けて，A先生は，どの内容から取り組むと一番効果があるのか，「緊急性」「方向性」「実効性」の視点を示し，各学年で検討させました。その結果，どの学年も伸びが分かりやすく，自信や意欲につながる「漢字」と「計算」を中心に取り組むことになりました。

〈6年生「漢字・計算タイム」の具体例〉
○　4月　漢字（4年生まで），計算（2桁の筆算）
○　5月　漢字（5年生まで），計算（3桁の筆算）…

(2) 「ミドルリーダーの行動 ③」について

行動様式07　チーム内の役割を考える …… マネージャー的な機能（→P40）

> 教職員相互のよさをいかし合って，組織力を向上させるために

—— 教職員のよさを考えた＜⬆アップ＞ ——

　A先生は，学年部で計画した「朝タイム」を，学力向上とともに協働指導体制を具現化する取組としても位置付けるために，教員のペア配置も工夫しました。

　ベテラン層と若年層のかかわりが生じにくい実態を踏まえ，ペアを組む際に，ベテランの指導の細やかさと若手のひたむきさが融合して相乗効果が表れることを期待しました。そこでA先生は，教職員の経験年数をふまえ，性格や能力等を注意深く観察しました。

　そして考えた構想を管理職に提案し，助言を受けて再考したうえで，ペア配置を行いました。

> 朝タイムを継続した全校的な取組にすることで，教職員のかかわりを生み出し，教職員の協働体制を構築することを考えました。
>
> ⬇
>
> ○　複数教員での指導体制と役割分担
> 　・専門性をいかして
> 　・グループ分けで
> 　・全体と個別で　　など
> ○　内容や方法についての打合せ時間の設定
> ○　使用した用紙類の保管と，活用できる環境整備

—— 持ち味からいかしどころを探した＜⬇ダウン＞ ——

　A先生は，ある学年の朝タイムのペアに，以下の二人を意図的に組み合わせました。

> □B先生…指導方法工夫改善担当のベテラン教員で，社交的で行動力があり，経験を基にした指導技術をもっている。しかし，自分の指導を見直す機会は少ない。
> □C先生…初任者であり，誠実で，研修会で培った知識を実践にいかそうという思いはある。しかし，内向的で，進んで相談をもちかけることはあまりない。

　この二人を朝タイムで組み合わせることで，初任者のC先生は，具体的な指導技術をベテランのB先生から学ぶことができました。また，B先生は，ひたむきなC先生と朝タイムを行うことで経験だけを頼って学習指導を行っていた自分自身を振り返り，C先生から新しい情報を得る姿が見られました。

> ### メンバーの能力を把握する！
> 　教職員の配置を考える場合，メンバーの性格や能力の把握が求められます。日頃のコミュニケーションや校務への取組状況を観察しておきましょう。また，その協働体制を整えた後は，それぞれが課題解決に役立っているという「手応え感」をもたせるような働きかけが必要です。

> 　教職員を適材適所に割り当てるために，以下の三つの能力を把握しておくことが必要になります。
> 　・職務遂行能力
> 　・対人関係能力
> 　・プロジェクト遂行能力
> 　A先生は，日頃の校務への取組状況等を注意深く観察し，これらの能力を把握しました。

事例－4　小規模校において協働指導体制を構築する実践

(3)　「ミドルリーダーの行動　④」について

行動様式15　負担感に気付く …… メンター的な機能（→P56）

取組を行っている教職員の負担感を軽減するために

―― 教室訪問で観察した＜⬇ダウン＞ ――

A先生は，朝タイムの取組を進める中で，C先生の一日の行動から以下の状態に気付きました。

> A先生は主幹教諭という立場上，日頃から積極的な教室訪問を心掛けていました。そのためC先生の負担感にもいち早く気付くことができ，改善案を提案をすることができました。

- 朝タイムの取組が，1時間目の開始までに終わらず，給食時間や昼休みまで使って終わらせている。
- 朝タイムの教材の準備に時間がかかっている。

そこでA先生は，C先生の仕事量を減らし，仕事の効率化を図る必要性を感じ，B先生に相談しました。

その結果，学級担任ではないB先生が行いやすい準備（教材作成や印刷）を行ったり，比較的時間のかかる個別指導を要する児童の支援を行ったりすることになりました。こうして，これまで物理的な負担を感じていたC先生の状態は，改善されていきました。

―― 具体的にアドバイスした＜⬇ダウン＞ ――

また，A先生は，初任者のC先生が朝タイムの時間を含め，子供との関係づくりがうまく進んでいないことで悩んでいる様子にも気付きました。

> A先生は，職員室に帰ってくる先生に必ず声を掛けることを心掛けています。その際は，パソコンのキーボードの手を休め，顔を見ながら子供たちの基礎学力や学習規律等，朝タイムの成果を積極的に伝えるようにしました。
> 「短い言葉でも，直接顔を見て伝える」ことで，「気に掛けてもらっている」という気持ちをもたせることができ，さらに子供の成長を伝えることで，自信と意欲をもたせることができます。

A先生は，ある放課後にC先生の教室を訪ね，C先生の日々の努力のよさを褒めると同時に，自分が初任者の頃の学級経営に関する失敗談や後悔していることなどについて話しました。

このように，C先生に寄り添い共感する姿を見せた後，子供との信頼関係づくりでうまくいった取組として，「子供のよいところを見て，連絡帳で保護者にも知らせるといいよ」「昼休みに一緒に遊ぶ日を決めるといいよ」等，具体的なアドバイスをしました。このようなA先生の気付きや共感がC先生の負担感を軽くし，C先生は，次第に笑顔を取り戻していきました。

日常的に声を掛ける様子

コミュニケーションを心掛ける！

積極的に話し掛けたり，教室に赴いたりすることは，相手に敬意を払うことにつながります。このようなコミュニケーションをおろそかにせず，仕事の成果を上げるためのコミュニケーションやお互いの能力を高めていくためのコミュニケーションを大切にしましょう。

(4) 「ミドルリーダーの行動　⑤」について

行動様式10　取組の見直しを図る……マネージャー的な機能（→P46）

> 協働体制を維持し，取組を継続させていくために

―― 積極的に情報を交換した ＜⬇ダウン＞ ――

　朝タイムの課題について意見が出てきた際，A先生は現状の共通理解を図る時間（職員会議の時間に20分程度）を設定しました。その場では「あの学級はうまく準備ができているので見習いたい」「もっと効率的な進め方はないか」などの意見が出されました。また，児童の変容についても「○○君は複数指導体制になって，朝タイム中の確認テストの正答率が上がっている」「集中力が続かない△△さんの支援はどうしているの」などの情報が共有されるようになり，成果と課題から取組を見直す必要性を感じるようになりました。その際，A先生は，確認テストの数値や学級毎の取組の様子を提示し，多面的な分析をするように促しました。

―― 取組の改善を働きかけた ＜⬆⬇アップ・ダウン＞ ――

　そこでA先生は，全教職員に「朝タイムをより充実させるためには何が必要か」というアンケートを実施しました。A先生はアンケート結果を整理し，管理職に提示して指導・助言を受けたうえで，以下の点から見直しを図ることにしました。

> ☐　行い方の共通スタイルを確立すること
> ☐　内容についての基準を設けること
> ☐　管理職から児童の学習状況や教員の指導内容と方法について指導・助言を受ける機会をつくること

　詳細については，近接学年に一任しましたが，自分たちのアイディアがいかされたことで，教職員には「よし，やってみよう」という取組意識が高まりました。

> ### 教職員の思いを大切にすること！
> 　朝タイムは子供の学力向上が一番の目的ですが，教職員のチーム意識を高めることもねらっています。そのためには，ボトムアップの実感を残すことが大切です。「私のアイディアが役に立った」という実感をより多くの教職員に残すことができれば，取組の前進，子供の学力向上，そして教職員の意欲向上の好循環につながります。

　A先生は，三つの見直しの視点のうち，「行い方の共通スタイル」と「内容についての基準」については各学年部研修会に任せ，「管理職からの評価を受ける機会」については，自らが直接管理職に働きかけるようにしました。「全てを任せる」「全てを自分がする」ではなく，内容に応じて担当を割り振ることを意識しています。

　D小学校では，朝タイムの取組の後，「学び方についても共通スタイルを確立した方がよい」という意見が教職員から出ました。
　そこで，学力向上委員会を中心に学校独自の学び方（姿勢や発言の仕方など）について検討しました。
　その学び方を更に全校で共通理解を図るため，年に2回「学び方集会」を実施しています。

事例－5　新たな取組に全教職員を巻き込む実践
～小中連携の充実を通して～
＜行動様式 04,18,07,16を中心に＞

1　学校の状況とミドルリーダーが描いたシナリオ

○　校長の経営ビジョン

　E中学校の校長は、「家庭，地域，学校が協働して子供を育てる」をスローガンに掲げ，地域性をいかした学校経営を行っています。学習意欲の低下や不登校の解消など中一ギャップ解消に向けた小中連携を推進してきた結果，落ち着いた雰囲気で教育活動が展開されています。しかし，生徒の実態として，学力の定着や道徳性の育成に課題が見られました。そこで，重点を「知・徳・体の調和のとれた生徒の育成」，経営課題を「組織的・協働的な小中連携指導体制づくり」とし，教育課題を共通理解する場の設定や，教務担当主幹教諭を中核として全教職員を巻き込む実践を行うことで，学校のチーム化を図りたいと考えました。

○　教職員の状況

　教職員の構成は，講師を含む20～30代で経験の少ない若年層と，50代が中心となるベテラン層の二極化した状態です。特に若年層には，指示されたことには取り組むものの，経験の少なさから，様々なことを行うのに自信がもてない教職員が多くいます。小中連携の推進に当たっては，学校経営の核としたにもかかわらず，教職員には使命感をもって組織的に取り組もうとする意欲があまり見られません。以上のことから，チーム化の三つの要件において，特に目的共有がなされていない状態であったといえます。まず小中連携という目的を共有し，教職員同士の相互作用が行われることによって，学校として新たな価値創造が期待できます。

○　ミドルリーダーが描いたシナリオ

　これらのことから，教務担当主幹教諭A（以下A先生）は，主に表3-5-1に示す【学校経営感覚】に基づいて，学力向上と道徳教育推進を中核としながら，特に，若年層とベテラン層との連携を図り，小中連携を推進することで，全ての教職員を新たな取組に巻き込んでいくシナリオを考えました（図3-5-1）。

表3-5-1　新たな取組に全教職員を巻き込むことにおいて発揮する学校経営感覚

課	重点目標達成のために，学校組織力を向上させる実践を確立しなければならない。【課題の見極め】
課	小中連携の乗り入れ授業など，新たな取組を行うことで，多くの教職員が小中連携にかかわり，協働的に課題を解決したい。【課題解決への巻き込み】
課	スモールステップで課題解決を展開し，小中連携を更に発展させたい。【課題の発展】
モ	強みや弱みをいかし合うことで，教職員の組織化を図りたい。【関係の強化】
モ	生徒の変容や教職員の連携のよさを称賛することで有用感を味わわせたり，効力感を高めたりして，実践を継続・発展させたい。【手応え感の伝達】
※　課 …［課題解決の視座より］　　モ …［モチベーションの視座より］	

第3章 ミドルリーダーによるマネジメントの実際

学力向上委員会や道徳教育推進委員会との連携を図り，乗り入れ授業や道徳の地域教材作成を行うことで，全教職員を小中連携に巻き込んでいく教務担当主幹教諭のストーリー

※ [ ] 内は，本書における行動様式の項目を表している
　　リ…リーダー的な機能　　マ…マネージャー的な機能　　メ…メンター的な機能
※ ⬆はミドルアップマネジメント，⬇はミドルダウンマネジメント，⬆⬇は両方の内容を表している

【目的共有】
小中連携を教職員全員が一体となって行うような意識にしたい。

ミドルリーダーの行動①
[リ　04　必要な情報を集める]
⬇ 小中連携の情報を収集した中から，自校の実態に合わせて精選した。

[リ　01　経営の重点を具体化する]
⬇ 重点目標具現化のために，全校で学力向上や道徳の地域教材作成を行うことを周知した。

【目的共有】
学力向上委員会や道徳教育推進委員会を核として実践してみよう。

【相互作用】
担当者に方向性を示唆して，新たな取組の具体的内容や計画をつくらせよう。

ミドルリーダーの行動②
[マ　12　連携を俯瞰する]
⬇ 学力向上委員会や研究推進部会と連携することで，学力向上策を提案した。

[メ　18　あえて巻き込まれる]
⬇ 小中連携の乗り入れ授業と道徳の地域教材の開発に向けて，さりげなくかかわり支援した。

【相互作用】
乗り入れ授業でのティーム・ティーチングを周知し，計画してもらおう。

ミドルリーダーの行動③
[マ　07　チーム内の役割を考える]
⬆⬇ メンバーの強みと弱みを把握して，適切なメンバー構成を考えた。

[メ　16　折り合いを付ける]
⬇ 乗り入れ授業に向けて，担当者の仕事内容のすり合わせを行い，合意点の調整を行った。

【相互作用・価値創造】
担当者が主体的に，ティーム・ティーチングを行えるようにしたい。

【相互作用・価値創造】
全ての教職員を小中連携にかかわらせて，組織への効力感を高めたい。

ミドルリーダーの行動④
[マ　08　評価指標の設定を促す]
⬇ 各教科担当で取り組む手立てとしての，取組指標を明確にさせた。

【価値創造】
これまでの実践の成果と課題を示し，意識を継続させて新たな取組を計画しよう。

ミドルリーダーの行動⑤
[マ　09　機会を捉えて指導・助言を行う]
⬆⬇ 担当者の自発的行動につながるように適切な指導・助言を行った。

図3-5-1　小中連携の充実を通して，新たな取組に全教職員を巻き込むストーリー

事例－5　新たな取組に全教職員を巻き込む実践

2　新たな取組に全教職員を巻き込むミドル・アップダウン・マネジメントの実際
(1)　「ミドルリーダーの行動　①」について

行動様式04　必要な情報を集める …… リーダー的な機能（→P34）

実態や状況に合ったシナリオを作成するために

――― 日常的にアンテナを張った ＜⬇ダウン＞ ―――

数年前からE中学校は小中連携を進めています。本年度も小学校主幹教諭との打合せを終え、小中連携の充実を全教職員で確認しました。しかし、実際は英語や美術等の兼務教員が小学校の学習指導にかかわっている程度で、特に新しい実践は進んでいません。日頃のかかわりからは、教職員の小中連携への意識や積極性の低さを感じており、日常会話でも、「小中連携ってよく分かりませんよね」という言葉がよく聞かれます。

そのような教職員のために、学校外の研修会等で「何か小中連携の情報はないですか」とことあるごとに尋ねていたA先生は、小学校の主幹教諭から、小中一貫教育全国サミットが行われるという情報をキャッチしました。そしてそのサミットに参加し、たくさんの情報を得ることができました。

> 情報を集める上で、メンバーの現状を把握することはとても重要です。A先生は、「教育課程アンケート」と題して、学校経営診断ツール（『学校経営15の方策』福岡県教育センター編）を用いた分析を行いました。

情報が集まるよう積極的に発信すること！

必要な情報は、ただ待っていてもなかなか得られません。機会を捉えて、多くの関係者に対して、自分の欲しい情報を得られるよう意図的に、そして積極的に発信しましょう。発信し続けることで、情報が入りやすくなります。

小中一貫教育全国サミットで得た先行事例

- ○授業実践の方法
  - 乗り入れ授業
  - 協働授業（ＴＴ授業）
  - 生徒による補助授業
  - 地域連携授業　等
- ○計画・運営の工夫
- ○キャリア教育による連携プログラム
- ○生活指導への対応対策
- ○共有カルテの作成
- ○他校交流　など

――― 集めた情報を教職員に伝えた ＜⬇ダウン＞ ―――

小中一貫教育全国サミットに参加したA先生は、自己効力感が低く、自身の教育活動に自信がもてない教職員が多い状況下では、見栄えのする先行事例をそのまま提供しても、組織に逆効果をもたらす可能性があると考えました。また、前任校で小中一貫教育の経験があるC先生から、「まずは授業から取り組むとよかった」というアドバイスをもらいました。

そこで、自校の教職員の状況に合うよう、授業実践の方法に絞って小中一貫教育全国サミットで得た情報をアレンジし、以下のような点を中心に「教務便り」にまとめて発信しました。
○　連携した授業実践に隠された失敗、乗り越えた工夫
○　自校に近い「これならできる」という事例
○　連携した授業実践による教育的効果

このように、小中連携に必要な情報を集めるとともに、得た情報を発信する段階でチームの実態に合わせることで、学校全体で取り組む目的についての理解を深めることができました。

兼務教員とは

> 市町村教育委員会が兼務発令を行い、在籍校以外の学校にも勤務できる教員を兼務教員という。

(2) 「ミドルリーダーの行動 ②」について

行動様式18　あえて巻き込まれる …… メンター的な機能（→Ｐ６２）

> 教員に効力感をもたせ，新たな取組への意欲を高めるために

── 校長のビジョンとつないだ ──

　Ａ先生は，校長の示した「学力向上」と「望ましい人間関係づくり」という教育課題を受け，各担当に働きかけて，乗り入れ授業実施と道徳の地域教材開発を進めることにしました。

　乗り入れ授業は，学力向上委員会からの提案とし各教科教員によるティーム・ティーチングで実施することにしました。道徳の地域教材作成は，地域教材をいかした学習を具現化するため，道徳教育推進委員会の提案として行うことにしました。

> Ａ先生は，小中連携推進の構想を考える際，まず，校長の学校経営ビジョンを重視し，管理職にも相談をしてから，中学校と小学校の教員が小学校で児童へ指導を行う乗り入れ授業と道徳の地域教材開発についての提案を行いました

── 相手の立場になった ＜⬇ダウン＞ ──

　乗り入れ授業は初の試みで実施原案はなく，新たな取組に二の足を踏みがちな教員にも仕事を依頼しなければならない状況でした。

　そこでＡ先生は，担当者と一緒に考え，乗り入れ授業の原案は大枠のみで，具体的な授業内容は授業者に委ねることにしました。全てを準備すると，小中連携を推進する意識や効力感も減退すると考えたためです。しかし白紙の状態で依頼すれば，新たな取組に二の足を踏む教員は「丸投げされた」と思いかねません。そうならないよう，相手の得意分野は任せ，面倒なスケジュール化などを行えば，win-winの関係を構築できます。しかも小中連携を進めている感覚も醸成されていきます。

　道徳の地域教材作成については，担当である道徳教育推進教師が経験年数の少ない20代教員であるため，原案作成や提案の方法が分からずに進んでいない状況でした。

　そこでＡ先生は，自ら道徳の学習指導案を作成し，そのポイントを担当者にマンツーマンでアドバイスしました。提案の仕方も道徳教育推進委員会からの簡単なものに留めるよう指導し，学年部で具体的計画が行えるような段取りにしました。

　このように，機会を捉えてさりげなくかかわり，支援していくことで組織的に取り組む主体者意識を高めていきました。

> **大事なのは，成熟度に応じたかかわり！**
> 　成熟度が低い教職員へは，積極的に手伝い，理解できるレベルの目線で具体的に助言をしましょう。ある程度の成熟度がある場合は，必要な場合の助言に留め，相手を尊重してできるだけ権限や責任は委譲するようにしましょう。

事例-5　新たな取組に全教職員を巻き込む実践

(3)　「ミドルリーダーの行動　③」について

行動様式07　チーム内の役割を考える……マネージャー的な機能（→P40）

教員のよさをいかし，効果的な実践にするために

―― 特性を見取り割り当てた ＜⬆アップ・ダウン＞ ――

A先生は，乗り入れ授業をティーム・ティーチングで行うに当たり，事前に管理職に相談して，性格特性や能力についての情報を得ました。

その上で，数学科のC先生とD先生の組合せを構想しました。学力向上という教育課題や小中連携指導体制づくりという経営課題の解決に向けて，職務遂行能力と対人関係能力の面から，互いの強みを発揮し弱点を補完し合えると考えたのです。

> C先生
> ○　前任校で小中一貫教育の経験がある
> ○　リーダータイプで新たな取組にも抵抗感がない
> ○　指導力があり担当教科への専門性が高い
>
> D先生
> ○　フォロアータイプでどちらかというと傍観的
> ○　新たな取組に対しては二の足を踏みがち
> ○　生徒に親身になってかかわることができる

> A先生は，小中連携の乗り入れ授業を計画する際に，双方が互いの強みを発揮しつつも，弱点を相互補完し合えるティーム・ティーチングを構想しました。
> そのために管理職はもちろん，小学校にも相談して，小・中学校両方の教員が入る体制で乗り入れ授業を行うことにしました。

そしてA先生は，C先生に「授業に自信をもって主担当を行って欲しい」「同教科であるが，乗り入れ授業に前向きでないD先生のことも気に掛けて欲しい」という職務遂行能力を評価した言葉掛けを行いました。

結果，C先生がリーダーシップを発揮して，D先生や小学校の先生とともに数学の本質を踏まえた授業が展開されたのです。同時に，個別の支援も充実した乗り入れ授業は無事に終了し，協働意識とともに効力感を高めることができました。

> A先生は日頃から職員室で話しやすい雰囲気づくりを心掛けて，良好なコミュニケーションとっていました。
> 時間割作成時には全員の要望を一つは聞き入れ，一人一人が働きやすい環境に配慮していました。

大事なのは，積極的にかかわること！

教職員の性格特性や能力の強み弱みを捉えるためには，風通しのよい集団づくりが大切です。そのために仕事にもそれ以外のことにも積極的にかかわり，コミュニケーションをとるように心掛けます。その中で，普段見られない性格特性や能力に気付くことがたくさんあるからです。

それでは，乗り入れ授業など新たな取組に二の足を踏みがちなD先生には，どのように働きかけたのでしょう。次ページに行動の具体を記します。

(4) 「ミドルリーダーの行動 ③」について

行動様式16　折り合いを付ける …… メンター的な機能（→P58）

> 教職員が，不安なことに対して躊躇せず取り組めるようにするために

── 相手を尊重して思いを探った＜⬇ダウン＞ ──

　A先生は，算数・数学の乗り入れ授業でのティーム・ティーチングの副担当をD先生に依頼しました。それは，小・中学校が課題とする算数・数学で指導できるベテラン教員だったからです。D先生には「C先生への助言や授業で児童への声掛けを積極的に行って欲しい」という対人関係能力の発揮を意図した言葉掛けをしましたが，反応はよくありませんでした。

　そこでA先生は，ある放課後，D先生の教室へ赴き，日常の授業や学級経営で気付いていたよさを中心に話しました。

　すると，その話を黙って聞いていたD先生は，小中連携や学力向上は大切だと感じているが，次のような悩みがあることをA先生に打ち明けたのです。そこでA先生は，D先生の以下のような不安や悩みを取り除く必要があると考えました。

> ● 児童・生徒との人間関係づくりについては自信があるが，教科指導については自信がないこと
> ● 昔の考えでは通用しないことを感じており，指導方法や学習指導案の書き方を勉強したいと思っていること

（欄外メモ）小中連携に向けて算数・数学の乗り入れ授業が鍵になると考えたA先生は，数学科のC先生への働きかけと同時に，同じ数学科のD先生にも働きかけています。

図：Must＝Canの関係に近づける
Must：自分がしなければならないこと（小さく↓）
Can：自分ができること（大きく↑）

── 納得できる合意点を探した＜⬇ダウン＞ ──

　話を聞いたA先生は，小中連携と学力向上の重要性を話し，再度，乗り入れ授業にかかわってもらえないかと相談しました。

　その際，D先生が不安を募らせないよう，Mustを小さくし，Canを大きくするような事前の配慮をしておきました。

　具体的には，原案の作成はもうできていること，C先生が主担当で指導方法を学ぶチャンスであること，個別指導が必要な児童を中心にかかわればよいことを伝え，D先生との合意点を探したのです。すると，話を聞いたD先生は安心した表情になり，提案を受け入れました。

　こうして，折り合いを付けてD先生を巻き込んだことで，小中連携に向けた算数・数学の乗り入れ授業が展開されました。

（欄外メモ）A先生は，「最初に高いハードルを提示すれば，相手はすぐに回避します。そこで，歩み寄る形で低いハードルの代案を提示すれば，『やりたくない』を『やってみようかな』に変えることができます」「人材育成の面からも，いきなり高いものを求めるのではなく，その人の力量に応じたものにすることが大切です」と語っていました。

> **大事なのは，合意点を調整すること！**
> 　人が動かないのは，「動こうとしない」だけでなく，「動けない」理由が隠されていることが意外とあります。そんなときは，相手ができないところをミドルリーダーが支援し，「しなければならないこと」を小さくするようにします。

事例-6　生徒指導の取組に全教職員を巻き込む実践
～分掌の連携による全校挨拶運動の活性化を通して～
＜行動様式 03,12,20,08を中心に＞

1　学校の状況とミドルリーダーが描いたシナリオ
○　校長の経営ビジョン

　F中学校の校長は，コミュニティ・スクールとして地域と共にある学校づくりを根幹に据えた学校経営を行っています。「学校での子供たちの活動を豊かにする文化づくり」，「校内外での子供たちの活動を見守る環境づくり」を柱とした取組を行ってきた結果，落ち着いた雰囲気の中で教育活動が展開され，生徒の学力も向上しています。しかし，生徒の実態として，基本的な生活習慣や規範意識の定着に課題が見られました。そこで，本年度の重点を「基本的な生活習慣・学習習慣の定着及び規範意識の向上」，経営課題を「組織的・協働的な生徒指導推進体制づくり」と設定し，課題を共通理解する場の設定や，生徒指導委員会を中核として全教職員を巻き込む取組を行うことから，学校のチーム化を図りたいと考えました。

○　教職員の状況

　教職員の構成はベテラン層が多く，コミュニティ・スクールの仕組みも定着し，学校運営はスムーズに進んでいます。しかし，生徒指導への取組に関しては，週に一度開かれる生徒指導委員会において，積極的生徒指導の取組についての協議は十分にはできていないのが現状でした。また，「掃除への取組が不十分である」「挨拶ができない生徒がいる」等の生徒指導上の問題に対して，課題意識を抱く教職員は少なく，「規範意識を身に付けた生徒を育てる」という重点目標を具現化しなければならないという意識は高いとはいえませんでした。以上のことから，チーム化の三つの要件において，特に目的共有がなされていない状態であったといえます。

○　ミドルリーダーが描いたシナリオ

　生徒指導担当主幹教諭A（以下A先生）は，主に表3-6-1に示す【学校経営感覚】に基づいて，生徒指導委員会を中核としながら，特に生徒会担当及び運営委員との連携を図り，全校挨拶運動を展開することで，全ての教職員を取組に巻き込んでいくシナリオを考えました（図3-6-1）。

表3-6-1　生徒指導の取組に全教職員を巻き込むことにおいて発揮する学校経営感覚

課　重点目標達成のために，学校の組織力を向上させる仕組み（推進組織とプロセス）を確立しなければならない。	【課題の見極め】
課　生徒指導委員会を中核としながらも，生徒会担当，運営委員と連携したり，全教職員で協働したりすることから課題を解決したい。	【課題解決への巻き込み】
課　家庭や地域の人々と連携しながら生徒の規範意識を育みたい。	【内外資源の活用】
モ　生徒指導委員会を機能させることで教職員の意識化を図りたい。	【関係の強化】
モ　生徒の変容，教職員の指導を称賛し，共有することで有用感を味わわせたり，貢献意識を高めたりし，新たな取組を生み出したい。	【手応え感の伝達】
※　課　…［課題解決の視座より］　　モ　…［モチベーションの視座より］	

第3章 ミドルリーダーによるマネジメントの実際

生徒指導委員会を中核としながら生徒会担当，運営委員との連携を図り，全校挨拶運動を進めることを通して，全ての教職員を生徒指導の取組に巻き込んでいく生徒指導担当主幹教諭のストーリー

※ [ ] 内は，本書における行動様式の項目を表している
　　リ…リーダー的な機能　　マ…マネージャー的な機能　　メ…メンター的な機能
※ ⬆はミドルアップマネジメント，⬇はミドルダウンマネジメント，⬍は両方の内容を表している

| **目的共有** | 相互作用 | 価値創造 |

気持ちのよい挨拶ができていないという生徒の問題を共有し，課題意識を高めたい。

ミドルリーダーの行動①

[リ　03　現状を把握する]
⬍ 生徒の挨拶に関する現状を可視化し，目標を全教職員で共有することを提案した。

[リ　01　重点目標や経営の重点を具体化する]
⬇ 重点目標の具現化のために，全校で挨拶運動を展開することを周知した。

| 目的共有 | **相互作用** | 価値創造 |

生徒指導委員会を中核としながら，他の分掌とも連携して取組を展開してみよう。

ミドルリーダーの行動②

[マ　12　連携を俯瞰する]
⬍ 生徒会担当者や運営委員と連携することで，学校の挨拶運動を活性化することを提案した。

[リ　02　シナリオを描く]
⬇ 生徒会による挨拶運動を中核として，全教職員で協働する具体的な計画をつくった。

| 目的共有 | **相互作用** | 価値創造 |

生徒会担当者に取組を示唆したり，協議したりして，取組の内容や計画をつくろう。

| 目的共有 | **相互作用** | 価値創造 |

決まったことを周知し，取り組んでもらい，各学年で進捗状況を把握してもらおう。

ミドルリーダーの行動③

[メ　20　指し手感覚を醸成する]
⬇ 各学年の生徒指導担当者の自己決定を促し，マネジメント意識を高めた。

[マ　08　評価指標の設定を促す]
⬇ 各学年で取り組む手立てとしての取組指標を明確にさせた。

[メ　18　あえて巻き込まれる]
⬇ 進捗状況を見守りながら，学年の取組に積極的に参加した。

| 目的共有 | **相互作用** | **価値創造** |

状況に応じて，各学年の生徒指導担当者が中心となり，独自の取組を行ってもらおう。

| 目的共有 | **相互作用** | **価値創造** |

各学年の生徒の変容，教職員の取組のよさを共有したい。

ミドルリーダーの行動④

[メ　17　仕事ぶりを的確に評価する]
⬇ 生徒の変容や教職員の指導を朝礼や「学校便り」「教務便り」で紹介した。

| 目的共有 | 相互作用 | **価値創造** |

1学期の取組の成果と課題を明らかにし，新たな取組を計画したい。

ミドルリーダーの行動⑤

[マ　10　取組の見直しを図る]
⬆ 生徒，保護者，地域の方々からの評価を基に，職員会議などで，取組を改善した。

図3-6-1　分掌の連携による全校挨拶運動の活性化を通して，生徒指導の取組に全教職員を巻き込むためのストーリー

事例－6　生徒指導の取組に全教職員を巻き込む実践

2　生徒指導の取組に全教職員を巻き込むミドル・アップダウン・マネジメントの実際
(1)　「ミドルリーダーの行動　①」について

行動様式03　現状を把握する……リーダー的な機能（→P32）

重点目標と生徒の姿のずれに対して、教職員が課題意識を抱くようにするために

―― 自分の目で確かめた ――

F中学校の今年度の教育課題、経営課題、これらを受けての生徒指導の重点目標は、それぞれ以下のとおりでした。

- □　教育課題：勤労的な活動に進んで取り組んだり、礼儀正しく行動したりすることができる生徒の育成
- □　経営課題：組織的・協働的な生徒指導推進体制づくり
- □　生徒指導の重点目標：基本的な生活習慣・学習習慣の定着及び規範意識の向上

> 目指す（教師と生徒の）姿と現状とのずれを把握しようとする行動は、「重点目標を具現化する」という強い思いから生まれます。

今年度異動してきたA先生は、現状を把握するために、清掃時間に校内を見回ったり、登校時に校門に立って、挨拶をしながら生徒の様子を観察したりしました。

すると、清掃への取組が十分でない、挨拶ができない生徒がいるなど、前年度の課題が残っていることに気付きました。また、日頃の会話やかかわりから、生徒のこのような状況に課題意識を抱く教職員がほとんどいないことに問題を感じました。

大事なのは、学校の隅々まで目配りをすること！

課題の解決は、まず、問題を感じ取ることからです。
ミドルリーダーは、学校の中を見て回ったり、教室に入り込んだりして、子供や教職員が日頃からどのように過ごしているか観察し、雰囲気を感じ取るようにしましょう。

生徒指導委員会への働きかけ

生徒の挨拶の状況
- ・声を出して挨拶…42％
- ・会釈のみの挨拶…43％
- ・挨拶しない　　…15％

―― 感じた問題を可視化した ＜⬆アップダウン＞ ――

A先生は、自分が感じた問題が確かなものであるか、更に現状を見極めることが必要であると考えました。そこで、管理職に、生徒の挨拶の状況に関するデータを収集することを、生徒指導委員会で提案してもよいか相談しました。

その結果、以下のことを実施することが決まりました。
- ○　登校時における生徒の挨拶の様子をA先生がビデオカメラで撮影し、ありのままの姿を確認できるようにする。
- ○　各学年の生徒指導担当とA先生で、校門で挨拶できた生徒、できなかった生徒の数を集約し数値化する。

このように、問題をデータとして可視化したことで、A先生個人が感じた問題を、学校全体で取り組むべき課題とすることができました。

(2) 「ミドルリーダーの行動 ②」について

行動様式12　連携を俯瞰する …… マネージャー的な機能（→P50）

生徒指導担当任せではなく，全教職員の協働的な取組にするために

―― 関係する仕事を洗い出した ――

　A先生の提案から，全教職員が交代で校門に立つ取組を行いましたが，活性化しませんでした。生徒指導担当主導でなく，協働したいと考えたA先生は，挨拶の取組を活性化するために連携できる分掌には何があるかを考えました。

　生徒会の月例の挨拶運動に着目したA先生は，まず，生徒会担当との連携を考えました。挨拶運動を，全教職員と生徒とのかかわりの中で活性化させたいと考えたからです。

　さらに，部活動時の生徒の元気のよさ，礼儀正しさを挨拶運動に反映させたいと考え，部活動担当との連携も考えました。

生徒会による月例の挨拶運動

―― 管理職に相談した ＜アップ＞ ――

　A先生は，このような全校挨拶運動を活性化させる構想を，管理職に相談し，以下のような助言を受けました。
□　生徒会の取組を中心に活性化を図ることはよい。更に，代議委員会，他の専門委員会を巻き込んでみてはどうか。
□　部活動については，生徒や教職員に負担をかけることは望ましくないので，部活動の代わりに，運営委員会との連携を図り，保護者や地域の方々を巻き込んでみてはどうか。

> **大事なのは，管理職に相談すること！**
> 　仕事を割り当てる際，期待できる効果と併せて，各教職員にかかる負担にも留意する必要があります。各教職員が抱える仕事量や状況は，管理職しか知らない情報も多くあります。構想を立てたら，必ず管理職に相談しましょう。

各分掌の主な役割

◆生徒指導担当主幹教諭◆
○挨拶に関する実態の把握
○教職員の危機意識の喚起
○連携についての共通理解

◇各学年の生徒指導担当◇
○各学年での取組の推進
　（取組指標の作成，具体的な教師の取組）
○生活委員の支援

◆生徒会担当◆
○生徒会役員の支援
　※生徒会の取組
　・「目指す挨拶」の決定
　・全校集会における「目指す挨拶」の共通理解
　・頑張りカードの作成と全生徒への配付

◆学校サポートプロジェクト担当（運営委員会）◆
○保護者などへの協力依頼

―― 連携体制を改善し提案した ＜ダウン＞ ――

　管理職の助言をいかしてA先生は，右図3-6-2のような連携を考えました。

　再度管理職に相談した後，A先生は，週1回の定例生徒指導委員会に各分掌の代表者を招集し，仕事の分担，取組の手順等を周知して，連携方法を具体的に説明しました。

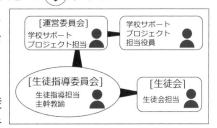
図3-6-2　挨拶運動における連携体制

　以上のように，A先生は，連携を俯瞰したことで，挨拶運動に組織的に取り組むための体制をつくることができました。

事例-6　生徒指導の取組に全教職員を巻き込む実践

(3) 「ミドルリーダーの行動　③」について

行動様式20　指し手感覚を醸成する……メンター的な機能（→P66）

受け身ではなく，自己決定をもとにした主体的な取組にするために

指し手感覚とは

人が仕事をしている場合，「この仕事を自分自身の力で成功させたい」という感覚と「指示されたとおりにやればいい」という感覚があります。前者の「指し手感覚」に対して，後者を「駒感覚」といいます。

自分の意志で自分をコントロールしている指し手感覚をもたせるようにすることが大事です。

── 任せてモチベーションを高めた＜⬇ダウン＞──

A先生は，「各学年で生徒会と連動した取組を工夫してみてください」と，各学年の生徒指導担当に取組を任せることにしました。担当者を中心に，各学年でアイディアを出し合ってもらい，独自の取組を決めさせることで，教職員のモチベーションを高めたいと考えたからです。

早速，学年研修会が開かれ，以下の取組が決定しました。

- □　第1学年：学級輪番で学年集会を行い意欲化を図る。
- □　第2学年：ホームルームで，その日の振り返りを行いよさを価値付ける。
- □　第3学年：授業の始めと終わりの挨拶を徹底させ，日常化を図る。

A先生が職員室で仕事をしていると，3人の生徒指導担当が揃って，各学年の取組を報告に来ました。

「どの学年も，よい取組になりそうですね」と声を掛けると，担当者は笑顔で応えました。

── 機会を捉えて助言した＜⬇ダウン＞──

各学年の取組が始まりました。進捗状況が気になっていたA先生は，各学年の取組の様子をさりげなく見守りました。

あるとき，A先生は，第1学年の学年集会が，教職員主導のものとなり，生徒たちの意欲が損なわれていることに気が付きました。そこで，第1学年の生徒指導担当に「取組は順調ですか」と声を掛けました。すると，担当から，「集会はやっていますが，説教みたいになってしまいます」という言葉が返ってきました。

A先生は，「できないことを指摘するのではなく，よさを褒める姿勢で取り組むこと」「集会を生徒主体の内容にすること」を示唆しました。

任せたままにせず，見守りましょう！

担当者に仕事を任せるということは，放任することではありません。担当者が達成感を味わうことができるよう仕事の進捗状況を把握したり，機会を捉えてさりげなく指導・助言したりすることが大事です。

(4) 「ミドルリーダーの行動 ③」について

行動様式08　評価指標の設定を促す …… マネージャー的な機能（→Ｐ42）

> 目標を明確にし，取組に責任をもたせるために

── 目標を具体化させた＜⬇ダウン＞ ──

　各学年の取組が決まったときに，Ａ先生は，各学年の生徒指導担当に取組指標をつくることを指示しました。その際，取組指標とは何かを具体的に説明したり，それをつくることの意義を，「仕事への満足感や取組改善への必要感をもたせることができる」などの点から話したりしました。

　すると，第１学年の担当者から，「取組指標の大切さは分かりますが，自分たちでつくれるか心配です」と言われました。

　Ａ先生は，「学年研修会のときに声を掛けてください。一緒につくりましょう」と答えました。

　結局，Ａ先生は，どの学年の学年研修会にも参加し，そこで以下の取組指標がつくられました（図3-6-3）。

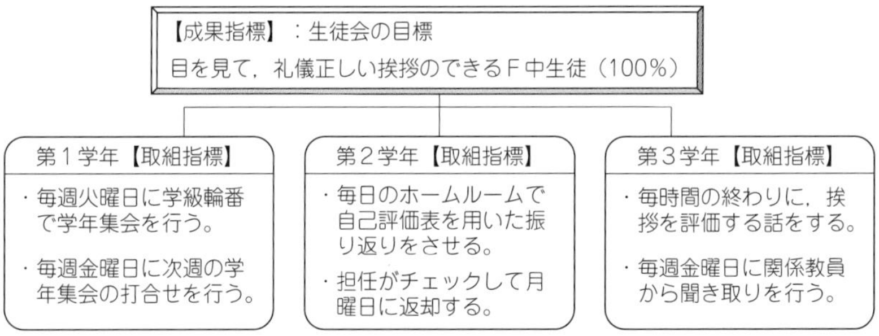

```
┌──────────────────────────────────┐
│【成果指標】：生徒会の目標          │
│目を見て，礼儀正しい挨拶のできるＦ中生徒（100％）│
└──────────────────────────────────┘
┌──────────┐ ┌──────────┐ ┌──────────┐
│第１学年【取組指標】│ │第２学年【取組指標】│ │第３学年【取組指標】│
│・毎週火曜日に学級輪番│ │・毎日のホームルームで│ │・毎時間の終わりに，挨│
│　で学年集会を行う。│ │　自己評価表を用いた振│ │　拶を評価する話をする。│
│・毎週金曜日に次週の学│ │　り返りをさせる。  │ │・毎週金曜日に関係教員│
│　年集会の打合せを行う。│ │・担任がチェックして月│ │　から聞き取りを行う。│
│            │ │　曜日に返却する。  │ │            │
└──────────┘ └──────────┘ └──────────┘
```

図3-6-3　各学年で設定された取組指標

> ### 一緒に考える姿勢が大切です！
> 　教職員のモチベーションを高める的確な評価指標を設定することは難しいことです。相談を受ける場を設定したり，積極的に指導・助言したりするなどのミドルリーダーのかかわりが，取組の成否に大きな影響をもたらします。

── 取組指標の見直しを促した＜⬇ダウン＞ ──

　教職員の熱心な取組の結果，生徒の挨拶の状況は，全校的には好転してきましたが，第１学年の生徒が今ひとつ積極的でないことが明らかになりました。そこで，Ａ先生は，学年研修会に入り，「１年生も，他の学年のように毎日意識付ける場を設けてはどうでしょうか」と助言しました。

　これを受けた協議から，学年集会と併せて，毎日ホームルームで「挨拶名人」を紹介し合う取組がスタートしました。

　取組指標を見直した結果，第１学年の生徒の元気な挨拶の声が響くようになってきました。

評価指標とは

「何を」「いつまでに」「どうやって」など共通の判断基準となるもので，以下の二つがあります。

【成果指標】
取り組んだ結果や表出された子供の姿を数値や状態で示したもの
※本実践では，「全ての生徒が目を見て礼儀正しい挨拶ができる」（図3-6-3）が成果指標です。

【取組指標】
教職員の取組を数値や状態で示したもの
※本実践では，各学年で設定した内容（図3-6-3）が取組指標です。

　仕事を指示したり，依頼したりする際には，その意義を理解させることが大切です。仕事の意味や価値が分かって取り組む場合と，分からずに取り組む場合とでは，教職員の意欲に大きな差が生まれるからです。

事例-7　不登校解消の取組に学校全体を巻き込む実践
～明確な目標設定とミドル相互の連携を通して～
＜行動様式 04,08,10,19を中心に＞

1　学校の状況とミドルリーダーが描いたシナリオ

○　校長の経営ビジョン

　G中学校は数年前までは，生徒の問題行動が多く見られるような状態でした。しかし，教職員の努力により落ち着きを取り戻し，現在では学力向上に学校全体で取り組む気運が高まってきています。そこで校長は生徒が本来もっている力を100％引き出し，自らの将来を主体的に切り開いていく力を育む教育を進めたいと考えました。その実現に向け，教育課題を「学習規律の確立と学力向上，よりよく生きようとする力の育成」と設定しました。また，経営課題を「目標を共有する教職員集団の育成，各主任の役割の明確化と職能成長」であると見極めました。これらの課題を解決するために複数のミドルリーダーを中核として，分掌や学年の協働化を進め，生徒指導の充実に取り組みたいと考えました。

○　教職員の状況

　G中学校の教職員は50代のベテラン層が最も多く，次いで20代の初任者や講師の若年層が多い年齢構成で，30代後半から40代前半の中堅層は2名です。多くの教職員は，学校が落ち着きを取り戻した現状に満足しているわけではなく，更に生徒を伸ばしたい，次の一歩を踏み出させたいと考えています。しかし，ベテラン層の教職員は不登校をはじめとする生徒指導上の課題の解決や学力向上のための授業改善を，これまでの経験から得られた方法論に頼る傾向が強くあります。そのため，若年層の教職員が柔軟な発想をいかした活動を提案し，それに全教職員で取り組む機会はあまりありません。全体的に個業傾向が強く，組織的な課題解決を必要であるという意識も低い状況です。学校のチーム化の要件においては相互作用を進める必要があるといえます。

○　ミドルリーダーが描いたシナリオ

　第2学年主任A（以下A先生）は表3-7-1の【学校経営感覚】に基づき，学年の不登校解消に向けた明確な目標と達成までの道筋を示し，情報を集めながら学校内外と連携し，取組を学年から学校全体へ広げていくことで教職員のチーム化を進めるシナリオを考えました（図3-7-1）。

表3-7-1　不登校解消の取組に学校全体を巻き込むことにおいて発揮する学校経営感覚

課	重点目標達成のために，不登校解消という課題の解決に至る道筋を可視化して示し，チームの納得を得られるようにしたい。	【構想の視覚化】
課	不登校解消という課題解決を支援するために，学校内だけでなく関係機関等の学校外の資源も活用したい。	【内外資源の活用】
モ	アクションを続けなければ現状は改善しないばかりか後退することを訴え，取組を継続する必要性を伝えたい。	【危機感の喚起】
モ	教職員とともに動き，喜びや苦労を共有したい。	【一体感】
※	課 …［課題解決の視座より］　　モ …［モチベーションの視座より］	

第3章　ミドルリーダーによるマネジメントの実際

学年の不登校解消に向けた明確な目標と達成までの道筋を示し，学校内外との連携を進めることで教職員のチーム化を進める学年主任のストーリー

※ [　]内は，本書における行動様式の項目を表している
　　　リ…リーダー的な機能　　マ…マネージャー的な機能　　メ…メンター的な機能
※ ⬆はミドルアップマネジメント，⬇はミドルダウンマネジメント，⬍は両方の内容を表している

目的共有 | 相互作用 | 価値創造
不登校生徒の学校内外での状況を把握して学年で課題を共有しよう。

⬇

ミドルリーダーの行動①
[リ　04　必要な情報を集める]
⬇ 実態把握のための不登校生徒の情報を収集するように指示を出した。

[リ　02　シナリオを描く]
⬇ 把握した実態を基に，学年から組織的対応の動きを作り，学校全体に取組を広げていく見通しを示した。

目的共有 | 相互作用 | 価値創造
学年として組織的に不登校解消に取り組むために，明確な目標と具体的な評価指標を設定しよう。

⬇

ミドルリーダーの行動②
[マ　11　挑戦的な目標を設定する]
⬍ 「修学旅行に全員参加！」という明確で，挑戦的な目標を示した。

[マ　08　評価指標の設定を促す]
⬇ 期日・内容・方法等を示した成果指標と取組指標を具体的に設定させた。

目的共有 | **相互作用** | **価値創造**
取組の進捗状況や不登校生徒の変容に応じて取組指標を見直しながら，取組を広げて校内体制づくりを進めよう。

⬇

ミドルリーダーの行動③
[マ　10　取組の見直しを図る]
⬇ 不登校生徒一人一人の状況に応じて取組指標を評価・改善する場を設定した。

[マ　12　連携を俯瞰する]
⬇ 管理職及び他のミドルリーダーと連携して校内体制の構築を図った。

目的共有 | **相互作用** | **価値創造**
学年の不登校解消を目指すだけでなく，学校全体のプロジェクトを充実させよう。

⬇

ミドルリーダーの行動④
[メ　19　責任を共有する]
⬍ 担任や学年の動きに積極的にかかわって，取組に学校全体を巻き込んだ。

目的共有 | 相互作用 | **価値創造**
1学期の取組の成果と課題を整理して次の目標を設定しよう。

⬇

図3-7-1　明確な目標設定とミドル相互の連携を通して，不登校解消の取組に学校全体を巻き込むストーリー

事例−7　不登校解消の取組に学校全体を巻き込む実践

2　不登校解消の取組に学校全体を巻き込むミドル・アップダウン・マネジメントの実際
(1)　「ミドルリーダーの行動　①」について

行動様式04　必要な情報を集める……リーダー的な機能（→P34）

不登校生徒一人一人の実態を把握するために

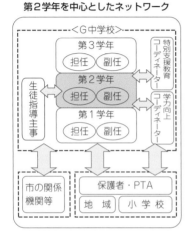

第2学年を中心としたネットワーク

―― 情報収集に協力を依頼した＜⬇ダウン＞――

A先生は，課題を解決するためには，不登校生徒一人一人の実態を把握することが必要だと考え，それぞれの生徒に関する情報を学級担任を中心に収集することを確認させました。しかし、学年の教員だけで得られる情報には限りがありました。そこで，A先生はより多角的に情報を得るために，他のミドルリーダーにも協力を依頼しました。

＜1年生時からの不登校で欠席日数が150日を超える生徒B＞
…担任，副担任に家庭・地域での生活状況や交友関係及び保護者の願いを聴き取るよう，また，生徒指導主事に市の関係機関と連携し，情報を収集するよう依頼しました。

＜学力不振のため登校を渋り欠席日数が20日を超える生徒C＞
…担任に生徒の学力実態，本人の思い，保護者の要望を，副担任に昨年度からの学力実態と授業中の様子をまとめるよう指示しました。また，特別支援教育コーディネーターに小学校時の支援等に関する情報を集めてもらいました。

＜家庭の教育力不足により登校できなくなっている生徒D＞
…担任に本人の状態や保護者の実態を，生徒指導主事に地域での生活の様子や学校内外の交友関係等を情報収集してもらいました。

実態把握のための学年研修会には他のミドルリーダーにも参加してもらい，3名に関する情報の共有と学年の取組への更なる協力を依頼しました。

―― 学校外にもアンテナを張った ――

A先生は保護者の会合や地域行事等に積極的に参加し，授業中や学校行事の取組で生徒の頑張りを褒めるとともに，欠席の多い生徒について話題にしました。その結果，PTA役員や区長から，最近姿を見かけない生徒のことが地域でも話題になっていることや，保護者の実態，交友関係等が気になっているとの情報を得ることができました。

> A先生は，学年教員に情報を集めさせるだけではなく，自ら時間や場所を変えて，情報を集めるように動きました。

大事なのは，「発信」すること！
アンテナの役割は「受信」することだけではありません。「発信」も欠かすことのできない大切な役目です。情報収集の目的や活用方策を発信することで関係者が反応し，有用な情報を「受信」することができます。

(2) 「ミドルリーダーの行動 ②」について

行動様式08　評価指標の設定を促す …… マネージャー的な機能（→P42）

目標の達成にチームとして前向きに取り組むために

―― 意欲を引き出す目標を設定した ＜⬇ダウン＞ ――

　３名の不登校生徒の情報を学年で共有した後，A先生は具体的な行動に移る前に学年として明確な目標を設定しようと考えました。G中学校にはこれまでも体育会などの学校行事の取組の中で不登校生徒と周りの生徒をつなぎ，状況を改善してきた成功事例が幾つかありました。A先生はこのことを学年集団に伝え，メンバーの考えや思いを聞くことにしました。そこでは「学年から不登校をなくしたい」「学年全員で学校行事を成功させる達成感を味わわせたい」という声が多くあがりました。

　そこでメンバーで協議し，「修学旅行に全員参加！１学期全員登校を目指そう！」という学年の目標を設定しました。

G中学校第２学年の主な学校行事

５月	体育会
７月	生徒総会
９月	クラスマッチ
１０月	職場体験学習
	文化発表会
１２月	生徒会役員改選
	修学旅行
３月	卒業証書授与式

―― スモールステップで取り組ませた ＜⬇ダウン＞ ――

　学年の目標を設定した後，A先生は目標の達成状況を判断するために評価指標が必要だと考えました。そこで学年のメンバーに，担任を中心に一人一人の不登校生徒に応じた評価指標を設定するように指導しました。また，不登校生徒が急な変化に不適応を起こさないようにスモールステップで評価指標を考えるようにアドバイスしました。

　学年メンバーは担任を中心に協議し，学力不振のため登校を渋っている生徒Cには「①５月中に生徒昇降口まで登校」「②６月中に別室で１時間個別学習」「③１学期終業式までに別室で午前中個別学習」という３段階の成果指標を設定しました。それに伴い教職員の取組指標として「週に２回以上家庭訪問をして話をする」「家庭訪問時は学級便りや学習プリント等を届ける」「行事前は家庭訪問の回数を増やす」等を決めました。

　そして，学年メンバー全員で工夫・改善した取組を粘り強く実践したことにより，生徒Cについては５月の成果指標を達成しました。さらに，６月初旬には校舎内に入り，別室で担任や学年メンバーと会話ができるまでになりました。

評価指標とは

「何を」「いつまでに」「どうやって」など共通の判断基準となるもので，以下の二つがあります。
【成果指標】
取り組んだ結果や表出された子供の姿を数値や状態で示したもの
【取組指標】
教職員の取組を数値や状態で示したもの

　A先生は，教職員の意欲を高めるために，スモールステップで指標を設定させ，教員にも生徒にも成功体験を多く味わわせるようにしました。

大事なのは，達成可能な成果指標を設定させること！

　成果指標達成のためには複数の教職員の時間とエネルギーが費やされます。従って，できる指標を達成し，喜びと自信を積み上げていくことが大切です。そのことが，次の取組へのモチベーションにもつながっていきます。

事例－7　不登校解消の取組に学校全体を巻き込む実践

(3) 「ミドルリーダーの行動　③」について

行動様式10　取組の見直しを図る ……　マネージャー的な機能（→P46）

> 成果指標の達成状況により取組に改善を加えるために

―― 生徒の変容に応じて取組を見直した ＜⬇ダウン＞ ――

　生徒Ｂは６月中旬には学校に別室登校するようになり，休み時間には，別室で級友と会話をしたり給食を食べたりするまでになっていました。ところが，生徒Ｃは６月初旬までは順調に学校復帰の道を歩んでいましたが，６月中旬からは再び学校に足が向かなくなっていました。また，生徒Ｄの成果指標の達成状況も思わしくなかったので，Ａ先生は，学年のメンバーで生徒Ｃと生徒Ｄの取組指標を検討することにしました。その学年研修会の中で，メンバーから生徒Ｂの担任が行っている「学級便りや学習プリントと一緒に級友からのメッセージを渡す」，「生徒Ｂと担任でノートのやり取りをする」といった取組の工夫が注目されました。

　この学年研修会を受け，自分一人が焦っていたことに気付いた生徒Ｃの担任は，生徒Ｂの担任が行っている取組を参考にして「ノートのやり取り」を始め，生徒Ｃの気持ちに寄り添うことを心掛けました。その結果，７月に入ると，生徒Ｃは再び登校できる日が増えてきました。

> Ａ先生は，不登校生徒の変容と教職員の具体的な取組について学年メンバー全員で振り返り，評価・改善しました。

> **大事なのは，やってみようと思わせること！**
> 　教職員は自分の知識や経験をいかして，教室の内外で様々な実践をしています。それらを出し合ってチーム内で吟味し，価値付け，共有することを大事にします。共有した実践はトップダウンのやらされる取組ではなく，自分から進んでやってみようと思える取組になります。

―― ミドルリーダー相互の連携を進めた ＜⬆アップダウン＞ ――

　Ａ先生は，学年の取組が軌道に乗り始めたところで「全員参加の修学旅行」の取組を他学年にも広げたいという思いを運営委員会で伝えました。第２学年教員の動きを知る管理職も賛同の意を示してくれたので，それをきっかけに学校全体で不登校の解消を目指すプロジェクトが立ち上がりました。

　Ａ先生は，不登校解消プロジェクトのメンバーと常に情報交換をしながら，第２学年の取組を積極的に発信するとともに，協働できるところは補い合って，取組を進めていきました。このような不登校解消に向けた取組を中核として，学校全体に少しずつ相互作用がみられるようになってきました。

「不登校解消
　プロジェクトメンバー」

○各学年主任
○生徒指導主事
○特別支援教育コーディネーター
○学力向上コーディネーター

(4) 「ミドルリーダーの行動 ④」について

行動様式19　責任を共有する……メンター的な機能（→P64）

> 担任を中心とした学年メンバーが自信と責任をもって取り組めるようにするために

── 若い担任の自主性を尊重した　＜⬇ダウン＞ ──

　A先生は，3名の担任と「家庭訪問に同行する」「生徒や保護者との面談に同席する」「学級の生徒といかにつなぐか相談に乗る」「生徒の状況が改善した時には共に喜ぶ」など，できるだけ一緒に動くように心掛けました。そして，A先生が考える方法論を押しつけたり，状況が改善しないことを責めたりはしませんでした。3名の担任は若いので，できるだけ「今日のCの様子どう思う？」，「次はどんなコメントを書くの？」といったことを問いかけ，担任から考えを引き出すコミュニケーションをとるようにしました。それを繰り返していく中で3名は学年のメンバーに相談したり，他のミドルリーダーにアドバイスをもらったりしながら不登校対応の実際について学び，スキルアップしていきました。

大事なのは，自主性をもたせること！

　相手を支援するつもりで，「ああしなさい」「こうしなさい」と事細かにコメントするのは相手のやる気を削ぐことにもなり，かえってマイナスです。「傾聴」「承認」「質問」のコーチングスキルを意識し，自発的な行動を促すコミュニケーションを行うようにしましょう。

学級担任の声

> 　4月に初めてこの学校に来て，生徒のことも校区のことも分からないことばかりで不安でした。
> 　A先生は，「頼りになる先輩」という感じで，日頃から授業のことや学級経営のことでよく話をしていました。
> 　今回の「1学期全員登校を目指そう！」の取組ではA先生がアドバイスをくれるだけでなく，一緒に家庭訪問に行ってくださったりして，とても心強かったです。
> 　1学期全員登校は果たせませんでしたが，夏休みも家庭訪問を継続して行い，2学期は全員で修学旅行に行きたいと思っています。

── 「報・連・相」の徹底　＜⬆⬇アップダウン＞ ──

　A先生は，3名の若い担任に不登校生徒の様子や取組の進捗状況を毎朝の学年打合せの中で報告するように促していました。それと伴せて学年メンバーが補足説明をしたり，学年としてのフォローする体制を確認したりして，取組が担任任せにならないよう配慮しました。また，各担任の取組を価値付け，学年内の信頼関係を築くように心掛けました。さらに，報告内容を管理職に密に知らせるとともに，毎週の運営委員会で発信しました。

　その結果，管理職の助言もあり，不登校解消プロジェクトを中心に，学校として以下の取組を進めることになりました。

- ☐　スクールカウンセラー及び適応指導教室，子育て支援課等の関係機関との連携の推進
- ☐　特別支援教育に関する校内研修の充実
- ☐　望ましい人間関係づくりや心の居場所づくりの支援

事例－8 現状維持を抜けだして学校の活性化を図る実践
～新入生指導を基軸とした取組を通して～
＜行動様式 05,19,12,17を中心に＞

1 学校の状況とミドルリーダーが描いたシナリオ

○ 校長の経営ビジョン

　H高等学校の校長は，教育活動を活性化させ，それを地域にアピールし，中学生が魅力を感じる高等学校にしたいと考えていました。そのために教員は，生徒の可能性を信じて，個に応じた根気強い指導を行う必要があると日頃から感じていました。このことにより生徒は，多少困難であると感じられることにも積極的にチャレンジし，充実した高校生活が送れるようになると考えたからです。そこで，経営の重点を「生徒の自立や自尊感情の醸成を目指し，生徒一人一人の長所を大切にする」と掲げました。また，「新生H高校」というスローガンの下，教職員が魅力ある学校づくりを組織的に行うことで，教育活動の充実を図り，地域に信頼される学校にすることを経営ビジョンとしました。

○ 教職員の状況

　勤務年数の長い教職員が多く，人間関係も良好です。学校行事の際は，毎年同じ役割分担になることが多く，教職員がその責任を果たすことで成果を収めてきました。教職員は現状維持に陥りがちで，業務の多くが前年度踏襲となっていても課題意識を抱くことはありませんでした。また，新たな取組を始めても一部の教職員だけで進められており，学校の活性化にはつながっていませんでした。以上のことから，価値創造を重視してチーム化を進める必要があったといえます。

○ ミドルリーダーが描いたシナリオ

　教務担当主幹教諭A（以下A先生）は，主に表3-8-1に示す【学校経営感覚】に基づいて，現状維持を抜けだして学校の活性化を図るために，各分掌と連携を図りながら新入生指導を基軸とした取組に全教職員を巻き込むシナリオを考えました。(図3-8-1)

表3-8-1　現状維持を抜け出して学校の活性化を図ることにおいて発揮する学校経営感覚

課	教職員が自分の役割を理解し，問題解決の見通しがもてるように各分掌等との連携や仕事の内容について，イメージさせたい。　　　　　　　　　　　　　　【構想の視覚化】
課	全教員が授業改善に向かうように仕組んだり，若年教員と年配教員の相互支援ができるようなかかわりを築いたりしたい。　　　　　　　　　　　　　　【内外の資源活用】
モ	生徒の能力や学校生活の現状を整理し，生徒の資質能力向上のための新たな取組の必要性を理解させたい。　　　　　　　　　　　　　　　　　　　　　【危機感の喚起】
モ	成績や出席状況などの数値データの分析・評価をし，生徒の変容と教職員の取組のかかわりを示したい。　　　　　　　　　　　　　　　　　　　　　【手応え感の伝達】
※　課 …［課題解決の視座より］　　モ …［モチベーションの視座より］	

第3章　ミドルリーダーによるマネジメントの実際

現状維持を抜け出して学校の活性化を図るために，新入生指導を基軸とした取組に全教職員を巻き込む教務担当主幹教諭のストーリー

※［　］内は，本書における行動様式の項目を表している
　　　リ…リーダー的な機能　　マ…マネージャー的な機能　　メ…メンター的な機能
※　⬆はミドルアップマネジメント，⬇はミドルダウンマネジメント，⬍は両方の内容を表している

目的共有	相互作用	価値創造

教育活動の充実を図り，地域に信頼される学校にしたい。

ミドルリーダーの行動①

[リ　03　現状を把握する]
⬆　近年の志願倍率の変化から考えられる課題を示し，取組の方向性について具申した。

[リ　05　課題を整理する]
⬍　「新入生指導」をテーマに研修会を実施し，課題の整理及び共有を図った。

↓

目的共有	相互作用	価値創造

全教職員の危機感を醸成し，課題意識を高めたい。

ミドルリーダーの行動②

[マ　06　チーム化の状態を分析する]
⬇　第１学年の教員集団の教育力を最大限に発揮させるために状態を把握した。

[メ　19　責任を共有する]
⬇　第１学年の教員間の連携を見守り，第１学年主任の後方支援を行った。

↓

目的共有	相互作用	価値創造

第１学年の学年主任に「新生H高校」の具現化を図る学年という自覚をもたせたい。

↓

目的共有	相互作用	価値創造

第１学年の取組を他の学年の教職員に広めたい。

ミドルリーダーの行動③

[リ　02　シナリオを描く]
⬆　第１学年の取組を他学年の教職員に広めるために「相互授業参観」を企画した。

[マ　12　連携を俯瞰する]
⬍　「相互授業参観」実施に向けた業務を洗い出し，各分掌に分担した。

↓

目的共有	相互作用	価値創造

全教職員が学校の活性化にかかわっている感覚を味わわせたい。

ミドルリーダーの行動④

[メ　17　仕事ぶりを的確に評価する]
⬍　第１学年の進路指導担当の教員の仕事ぶりを価値創造の観点から価値付けた。

[メ　14　チームの担い手を育てる]
⬇　進路指導担当の教員の仕事ぶりを発信し，他のメンバーを巻き込みながら育てた。

↓

目的共有	相互作用	価値創造

新たな取組の成果を教職員のモチベーション向上につなげたい。

↓

目的共有	相互作用	価値創造

「新生H高校」実現に向けた新たな取組を保護者や地域，中学生に発信しよう。

図3-8-1　新入生指導を基軸とした取組を通して，現状維持を抜け出して学校の活性化を図るストーリー

2 現状維持を抜けだして学校の活性化を図るミドル・アップダウン・マネジメントの実際
(1) 「ミドルリーダーの行動 ①」について

行動様式05　課題を整理する　……　リーダー的な機能（→P36）

現状認識を共有し，教職員の課題意識を向上させるために

—— 事前に管理職に取組を相談した ＜⬆アップ＞ ——

A先生は，学校を活性化させるためには，全教職員で現状認識を共有し，課題意識を抱かせることが必要だと感じていました。そこで，その方策として，全教職員で学校の課題を協議する研修会を実施したいと考え，管理職に相談しました。すると，校長も同様な考えをもっており，同意を得ることができました。

その後，A先生は研修会実施に向けて，進路指導主事や研修主任等から協力を得て以下の資料を準備しました。
- □ 第3学年の進路状況
- □ 自校の入試倍率の推移
- □ 学区内中学校の生徒数の推移
- □ 授業アンケートの結果

—— 研修会で課題を整理した ＜⬇ダウン＞ ——

研修会では，上述の資料を配付し，「新生H高校実現に向けた新入生指導」をテーマにワークショップを行いました。

まず，グループに分かれて，ブレーンストーミングを行い，資料を基に様々な課題を出し合いました。どの教職員も学校の課題について深く考える様子が見られました。中にはA先生と同様に，以前から課題を共有する必要があると考えていた教職員もいて，活発に意見が出されました

次に，出された意見を整理しました。すると表3-8-2に示すように，五つの項目に分類でき，そこから課題が明確になりました。さらに，その課題に対して重み付けを行った結果，まずは「基礎学力」と「学習習慣」について解決すべきとの意見で一致しました。さらに，そのために全教職員でできることを協議した結果，授業改善に取り組むこととなりました。

研修会を通して，普段は気付かない他の教職員の学校や生徒に対する思いを互いに実感し，課題意識が高まった様子でした。

表3-8-2　職員研修会での意見

項目	意見（一部抜粋）
生活態度	・情報端末の指導に力を入れるべきだ ・情報端末の指導は外部講師も呼んで指導すべきだ
公共心	・伝統に守られている心得を伝えていくべきである ・学習の質を高めるための環境作り（教室整備）が必要である
学習習慣	・年度初めの授業オリエンテーションに「考査1週間前の学習方法を身に付けさせる」を追加して欲しい ・各教科の勉強法の指導を時間をかけて行う
基礎学力	・まずは，基礎的・基本的な知識や技能の確実な定着を図るべき ・教員同士が団結して指導を行うべきだ
進路意識	・進路意識を刺激するばかりで，伸ばさぬまま進路選択させているのではないか ・3年間を見通した進路指導が必要である

> **大事なのは，課題を客観的に把握すること！**
> 各教職員は，様々な思いや考えをもっているので，課題としていることも様々です。ミドルリーダーは，数値データなどを活用し，現状を整理して提示することが大切です。これにより課題を客観的に把握できます。

(2) 「ミドルリーダーの行動 ②」について

行動様式19　責任を共有する …… メンター的な機能（→P64）

経験が不足している教職員が，安心して仕事を遂行できるようにするために

―― 学年主任の気持ちに寄り添った ＜⬇ダウン＞ ――

　新１学年の学年主任には，教職経験18年が経過し，H高校に赴任して５年目を迎えるB先生が任命されました。B先生は，教育に対して一生懸命な情熱あふれる先生です。「新生H高校」に向けた取組において，まさにキーパーソンといえます。A先生は，B先生に期待している反面，一人で抱え込み過ぎて無理をしてしまうのではないかと心配していました。そこで，A先生は，B先生が過度に責任を負うことなく，安心して仕事を遂行できるように，年度当初，以下のような育成的コーチングを行いました。

　A：「新１年生の受け入れに向けた準備は順調ですか」
　B：「はい。しかし，新入生指導が重要であることを考えると，学年主任としての責任を果たせるか不安なんです」
　A：「そうですよね，不安ですよね。今，失敗できないという気持ちでいっぱいになっていませんか」
　B：「そうなんですよね。もし，うまくいかなかったらどうしようという気持ちになります」
　A：「困ったときは，いつでも相談に乗りますよ。遠慮なく言ってくださいね」

> 育成的コーチングとは，「傾聴」「承認」「質問」することで，自発的な行動を促すコミュニケーションを用いることです。

―― 学年主任を後方から支援した ＜⬇ダウン＞ ――

　A先生は，B先生が学年主任としての仕事を遂行する上で，スケジュールを管理する能力を伸ばす必要があると感じていました。そこで，新入生の入学直後の指導に関する仕事を洗い出し，それを一覧にまとめてはどうかとアドバイスしました。B先生は，このアドバイスを基に，学年の業務について「いつ」「どこで」「だれが」などを明示した「タスク管理表」を作成したのです。これにより，第１学年の担任団のスケジュールが明確化され，B先生は学年主任としての見通しをもつことができました。A先生はその後も，B先生を見守り，相談があれば一緒に考えていきました。

タスク管理表（一部）

> 新入生を迎える前や，入学当初は，仕事が錯綜します。B先生はA先生の指導を受けながら，第１学年の担任が見通しをもってタスク（仕事）に取り組むことができるよう上記のタスク管理表を作りました。

> **大事なのは，「担当任せ」にしないこと！**
> 　誰でも新しいことに対して不安があるものです。常に，コミュニケーションを取り，役割を分担しながら，一緒に取組をつくっていくことで信頼関係が深まります。

(3) 「ミドルリーダーの行動 ③」について

行動様式12　連携を俯瞰する …… マネージャー的な機能（→P50）

第1学年の取組を学校全体に広げていくために

「相互授業参観」

「相互授業参観」とは、2か月の期間を設け、その中で互いに授業を参観し合うものです。特に、第1学年の授業では、これまでの取組の成果と課題について意見を出し合うようにしました。

業務及び担当分掌

・教務課・研修課
　　企画及び運営
・保健課
　　教室環境の整備
・広報課
　　記録及び広報
・生徒指導課
　　生徒への動機付け
・各学年主任
　　学年所属教員への参観の呼び掛け

※図3-8-2のアミの部分で示した分掌

—— 新企画を立案した ——

B先生の頑張りもあり、第1学年の運営は順調に進んでいました。「新生H高校」実現の核となる第1学年の取組を、さらに質の高いものにし、学校全体に広げていくためには、各分掌の連携が必要です。また、A先生は、第1学年の取組の中でも基礎学力の定着を目指して取り組んだ授業改善が最も重要であると考えていました。そこで、その取組を他学年の先生に実際に見てもらい、相互に学ぶ機会にするために「相互授業参観」を企画しました。

—— 管理職に具申した ＜⬆アップ＞ ——

A先生は「相互授業参観」の企画を管理職に具申しました。管理職からは、教員が新入生指導の取組に対する手応えを実感する良い機会にもなると同意を得ました。その上で、この取組が、教員のみならず、生徒にとっても良い刺激となるように、生徒指導課を中心に、生徒への学習に対する動機付けを学校全体で行ってはどうかという助言をいただきました。また、各学年主任が、学年所属の教員に参観を呼び掛け、全教員が積極的に参加するようにしてほしいとの要望がありました。

—— 連携する分掌を広げた ＜⬇ダウン＞ ——

管理職からの助言や要望を受け、図3-8-2の校務分掌系統図に基づき、連携する分掌を広げました。これまでの授業研究と違い、保健課が事前に教室環境の点検を行い、整った環境で授業参観ができるようにしたり、授業参観の様子を広報課が記録し学校広報誌などで情報発信したりと、全教職員を巻き込む取組としました。

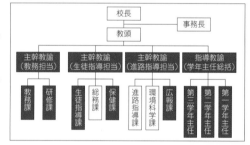

図3-8-2　校務分掌系統図

連携を図示して考えましょう！

連携対象が複数ある場合、関係が複雑になって全体像が見えにくくなります。その連携を図示して考察することで、分掌相互のつながりと役割を明確化できます。

⑷ 「ミドルリーダーの行動 ④」について

行動様式17　仕事ぶりを的確に評価する …… メンター的な機能（→P60）

> 努力している教員のモチベーションをさらに高めるために

── 成果を複眼的に把握した ──

　A先生は，多くの教職員から新入生指導の成果と課題について話を聞きました。その中で，進路指導担当主幹教諭からは，進路に関する様々な成果について話を聞くことができました。すると，この成果の多くは，第1学年の進路担当の若年教員C先生の頑張りによるものでした。C先生は，第1学年の生徒に対して，「大学出張講義（大学教授による出前講義）」などの新たな取組やこまめな情報提供を積極的に行っていたのです。

第1学年の生徒の成果
- 例年の1年生より進路指導室を訪ねる生徒が多い。
- 進路指導部で企画した行事に積極的に参加する姿が見られる。
- 大学出張講義を受けてから，進路目標を高くする傾向が見られる。

── 仕事ぶりを価値付けた ＜⇅アップ・ダウン＞ ──

　A先生は，第1学年の状況を管理職に報告しました。その際，進路指導面では，C先生が頑張ってくれていることを伝えました。すると，管理職からC先生を「新生H高校」の実現に向けたキーパーソンの一人として育てることを要望されました。
　後日，A先生はC先生に対して，次の声掛けを行いました。
　A：「第1学年の生徒の進路意識は非常に高いようですね。これもC先生が，新たな発想で様々な企画を成功させているからだと伺いましたよ。本当に頑張ってますね」
　C：「ありがとうございます」
　A：「ただし，頑張り過ぎないようにしてくださいね。一人で抱え込まず，周囲の人を巻き込んで，学校全体の取組にしていってくれると嬉しいですね」
　C先生は，これまでの取組とその成果を称賛されたことにより，効力感や手応えを得た様子でした。その上で，これまで周囲との連携や協働を意識していなかったという点では，不十分であったことを自覚できたようでした。
　そこで，学年主任のB先生に相談して，学年の各担任が個々の責任は果たしつつも協働できるように，個で行う仕事と学年で連携しながら行う仕事を明確にしました。このことが，目的を共有して連携し合える学年づくりにつながりました。

> チーム化の三つの要件のうち，「価値創造」の観点から価値付けを行いました。また，「相互作用」の観点では，不十分であることに気付かせるような声掛けを行いました。

不十分さに気付かせることも大事にしましょう！

　教職員のモチベーションを高めるためには，取組と成果を整理して客観的に評価しましょう。また，次の取組につなげるためには称賛するだけでなく課題点を明確にし，見通しをもたせましょう。

事例-9　全教職員で自校の特色の具体化を図る実践
～「学科・科目選択ガイドブック」の改善と活用を通して～
＜行動様式 04,02,12,09を中心に＞

1　学校の状況とミドルリーダーが描いたシナリオ

○　校長の経営ビジョン

　Ｉ高等学校は，普通科高校と専門高校が，「総合型高校」として再編整備された学校です。複数の学科と学系から構成され，2年次，3年次に学科や学系を超えた科目を選択できる「総合選択」が最大の特色です。この特色をいかし，生徒に進路を意識した科目選択を行わせ，進路指導を充実するには，全教職員が「総合選択」を十分に理解していく必要がありました。そこで，Ｉ高等学校の校長は，「地域を愛し，地域に愛される総合型高校」を経営ビジョンとして掲げ，本年度の経営の重点に「キャリア教育の更なる充実」を設定しました。Ｉ高等学校の「総合選択」の特色をいかし，全教職員でキャリア教育に取り組む学校を目指したのです。

○　教職員の状況

　教職員集団の約4割が講師及び非常勤講師で構成されています。また，転勤による入れ替わりも多く，設立当初から在籍する教職員はわずかとなっています。さらに，科目選択の指導には，教務部や当該学年の一部の教員だけが携わり，Ｉ高等学校の特色である「総合選択」を十分理解できている教職員は少ない状況になっていました。この状況に危機感を抱く教職員もいましたが，具体的な改善策を見いだせずにいました。以上のことから，目的共有を重視してチーム化を進める必要があったといえます。

○　ミドルリーダーが描いたシナリオ

　進路指導担当主幹教諭Ａ（以下Ａ先生）は，本年度，初めてその職に任命されました。そこで，表3-9-1の【学校経営感覚】に基づいて，進路指導の充実のために，全教職員が，学科や教科，学年の壁を超えて協働して「学系・科目選択ガイドブック」を改善し，それを活用することで自校の特色の具体化を図るシナリオを考えました（図3-9-1）。

表3-9-1　全教職員で自校の特色の具体化を図ることにおいて発揮する学校経営感覚

課　重点目標達成のために，学校組織力を向上させる仕組み（推進組織とプロセス）を確立したい。	【課題の見極め】
課　キャリア教育の視点から全教職員に当事者意識を醸成し，学科・学系や教科の枠組みを超えた取組として参画させるようにしたい。	【課題解決への巻き込み】
課　学科・学系や教科がもつ専門性をいかした取組にしたい。	【内外資源の活用】
モ　取組による生徒の変容を評価して全教職員で共有することで，モチベーションの向上を図っていきたい。	【手応え感の伝達】
※　課…［課題解決の視座より］　　モ…［モチベーションの視座より］	

第3章 ミドルリーダーによるマネジメントの実際

進路指導の充実のために,「学系・科目選択ガイドブック」の改善と活用を通して,教職員が学科・学系や教科の枠組みを超えて協働し,自校の特色の具体化を図る進路指導担当主幹教諭のストーリー

※ [ ] 内は,本書における行動様式の項目を表している
　　リ…リーダー的な機能　　マ…マネージャー的な機能　　メ…メンター的な機能
※ ⬆はミドルアップマネジメント,⬇はミドルダウンマネジメント,⬆⬇は両方の内容を表している

目的共有
各教科・学科と学年が自校の特色ある教育課程を共通理解できるようにしたい。

ミドルリーダーの行動①
[リ 04 必要な情報を集める]
⬇ 学系・科目選択指導における昨年度の課題を当該学年から収集し,改善策を具申した。

[リ 05 課題を整理する]
⬇ 収集した情報を基に課題を整理・分析し,図化して発信することで共有化した。

目的共有
進路部と教務部が連携して「学系・科目選択ガイドブック」を作成しよう。

ミドルリーダーの行動②
[リ 02 シナリオを描く]
⬆ 教科会議で出された意見や要望を踏まえ,教職員が実践の見通しをもてるようにした。

相互作用
全教職員で協力して「学系・科目選択ガイドブック」をより良いものに改善しよう。

ミドルリーダーの行動③
[マ 13 仕事を調整する]
⬇ 教務担当主幹教諭と連携し,教科主任会議や教科会議で説明・協議を行った。

相互作用
科目選択の際,関係分掌で連携して「学系・科目選択ガイドブック」を作り上げよう。

ミドルリーダーの行動④
[マ 12 連携を俯瞰する]
⬇ 関係分掌を洗い出し,管理職を交えた協議を通して分掌間の連携を図った。

相互作用・価値創造
「学系・科目選択ガイドブック」の活用を通して進路ガイダンスを充実させたい。

ミドルリーダーの行動⑤
[メ 20 指し手感覚を醸成する]
⬇ ガイドブックの活用スケジュールを担当学年に協議させ,主体的な行動を促した。

[マ 09 機会を捉えて助言・指導を行う]
⬇ 科目選択説明会や学年会議などで教務担当主幹教諭と連携して担当学年を支援した。

価値創造
生徒の学系・科目選択が,進路目標の実現につながる主体的なものとなってほしい。

ミドルリーダーの行動⑥
[メ 17 仕事ぶりを的確に評価する]
⬆⬇ 管理職に,取組の進捗状況や成果に対する報告を行い,学年への評価を依頼した。

[メ 17 仕事ぶりを的確に評価する]
⬇ 生徒の変容を意識調査などで把握し,学年主任へ評価や改善点を伝えた。

目的共有
取組の成果から,更なる改善を図っていきたい。

図3-9-1　「学系・科目選択ガイドブック」の改善と活用を通して自校の特色の具体化を図るストーリー

事例－9　全教職員で自校の特色の具体化を図る実践

2　全教職員で自校の特色の具体化を図るミドル・アップダウン・マネジメントの実際
(1)　「ミドルリーダーの行動　①」について

行動様式04　必要な情報を集める …… リーダー的な機能（→P34）

> 第1学年の科目選択に全教員をかかわらせるために

―― 必要な情報を洗い出した ――――――――――――

　A先生は，自校の教育課程を踏まえた進路指導の充実を図るためには，まず，現状や課題を十分把握しなければならないと考えました。そこで，教務担当主幹教諭と協議して，どのような情報を集める必要があるかを洗い出しました。その結果，資料3-9-1のような情報を集めることにしました。

> 科目選択に係る業務は教務が担当しており，その中心となるのが教務担当主幹教諭です。そこで，A先生は教務担当主幹教諭との連携を密にして業務を遂行しました。

―― アンテナを張った ＜⬇ダウン＞ ――――――――――

　必要な情報を収集するために，A先生は校内の人的資源を活用して，その情報をもつ教員から直接聞き取りを始めました。特に，本年度1学年を担当する教員は，新転任者が多いことから，前年度の1学年主任から聞き取ることを重視し，その際，教務担当主幹教諭も交えて行いました。

　このように，アンテナを張ることで，周囲からの協力を得ることができ，有益な情報を得ることができました。

　集まった情報を整理・分析した結果，改めて，生徒や教職員の「総合選択」に関する理解が不足していることが最も大きな課題であると実感しました。多岐にわたる科目設定や複雑な時間割編成もその一因ですが，教職員の当事者意識の低さが，現状を招いている主な原因であることが分かりました。

資料3-9-1　必要な情報

- ○　昨年度の科目選択における課題や要望
- ○　教職員の「総合選択」に対する理解や意識
- ○　生徒の進路意識
- ○　卒業生の選択した科目と進路の関係

―― 管理職に報告した ＜⬆アップ＞ ――――――――――

　A先生は集まった情報とそれを分析して得られた課題について管理職へ報告しました。さらに，その解決策を相談しました。すると管理職から，他校の進路指導に関する取組を参考にしてみてはどうかとアドバイスを受けました。

　直ちにA先生はいくつかの学校に連絡をとり，情報を集めました。この情報がヒントとなり，「総合選択」について分かり易く解説した「学系・科目選択ガイドブック」（以下は「ガイドブック」と示す）を改善し，科目選択の際にこれを活用しようと考えました。

> **大事なのは，情報の分析と共有化！**
> 　収集した情報を整理し，課題や方向性が明確になるように分析し，それについて管理職と情報を共有していくことが大切です。

(2)「ミドルリーダーの行動 ②」について

行動様式02　シナリオを描く …… リーダー的な機能（→P30）

> 取組に見通しをもたせ，抵抗感をなくすために

―― シナリオを描いた ――

　A先生は，全教職員で協力してガイドブックを改善することで「総合選択」に対する理解を深め，その活用を通して進路指導の充実を目指す以下のシナリオを描きました。

―― 改善について ――
① 教務担当主幹教諭と連携してガイドブックの改善案を作成する。
② 教科主任会を実施して，ガイドブックの原案を提示しながら改善と活用について説明及び協議する。
③ 教科主任が教科会を実施して，ガイドブックの改善と活用について説明及び協議する。
④ 教科ごとにガイドブックの改善を図る。

いつ
・科目選択の説明会
・個人面談
・三者面談

だれが
・教職員
・生徒
・保護者

何のために
・「総合選択」について共通理解を促すツールとして

―― 活用について ――
① 学系・科目選択説明会で，生徒へ「総合選択」について説明する際に活用する。
② 学級担任が，個人面談等で活用する。
③ 希望調査票提出後，各学級担任が生徒の進路希望と科目選択のマッチングを確認する際に活用する。
④ 三者面談で，保護者への説明や生徒の選択科目の確認を行う際に活用する。

―― 管理職に報告・相談した ＜⬆アップ＞ ――

　A先生は，ガイドブックの改善と活用を通して，全教職員の「総合選択」に対する理解を深め，進路指導の充実を目指す上述のシナリオを提案しました。

　管理職はすぐに同意し，その実施については全面的に支援するという後ろ盾を得ることができました。また，実施に際しては，教職員の負担も考えながら柔軟な運用を心掛けるように助言を受けました。

> **大事なのは，後ろ盾を得ること！**
> 　まずは，管理職に提言してシナリオの意味付けや価値付けをしてもらい，後ろ盾を得ましょう。これにより，全教職員からの理解も得やすくなります。

事例-9　全教職員で自校の特色の具体化を図る実践

(3) 「ミドルリーダーの行動　④」について

行動様式12　連携を俯瞰する ……　マネージャー的な機能（→Ｐ50）

「学系・科目選択ガイドブック」を全教員で活用できるようにするために

―― 連携を図示した ＜⬇ダウン＞ ――

A先生は、ガイドブックを活用して第１学年の生徒に希望進路と結びついた科目選択をさせるためには、その改善に向けて、各分掌の更なる連携が必要であると考えました。

そこで、関係分掌とその関係を管理職と協議して、図3-9-2のように図示しました。A先生はこれまで同様に、教務担当主幹教諭と協議・連携しながら各分掌への指示や連絡を行いました。また、学科・教科の方針や授業内容等について教員が十分に理解する必要があることから、学科・教科及び当該学年の主任同士の水平方向コミュニケーションを機能させることをねらいました。これに基づき、各主任は連携を図り、そこで得られた内容をいかして学年会議や教科会議等で各分掌の教員をまとめていきました。その結果、全教員で改善を繰り返しながら、資料3-9-2のようなガイドブックを完成させることができました。

各分掌の主な役割

学科主任
○教科主任との目標のすり合わせ
○前年度学年主任との前年度の反省・改善策の協議

教科主任
○学科主任との目標のすり合わせ
○第１学年主任との学年方針と教科の目標と内容のすり合わせ

第１学年主任
○前年度学年主任から昨年度の実施状況に関する情報収集
○教科主任との学年方針と目標のすり合わせ

前年度学年主任
○第１学年主任への昨年度実施状況に関する情報提供や助言
○学科主任との前年度の反省・改善策の協議

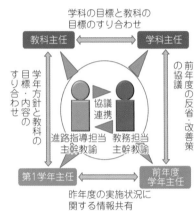

図3-9-2　各分掌の連携

連携対象と内容を図示しましょう！

連携対象が複数ある場合には、関係が複雑になり全体像が見えにくくなります。そこで連携対象と内容を整理して図示しましょう。

資料3-9-2　「学系・科目選択ガイドブック」（一部）

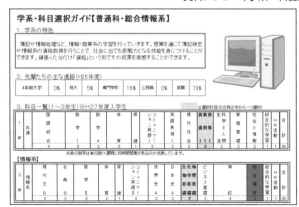

(4) 「ミドルリーダーの行動　⑤」について

行動様式09　機会を捉えて指導・助言を行う …… マネージャー的な機能（→P44）

> ガイドブックを活用した科目選択の取組に対する意欲を高めるために

—— 進捗状況を見守った ——

　A先生は，第1学年の教員がガイドブックを活用した取組を開始した後もその状況を把握するために見守り続けました。

　第1回の科目選択希望調査の実施後，教務担当主幹教諭が希望調査一覧表を作成しました。A先生は，ただちにその内容を確認し，生徒の選択状況を把握しました。すると，一部の学級の生徒が提出した希望調査票に，記入漏れや選択ミスが多く見つかりました。

個人面談での生徒への指導

> ガイドブックを用いた説明は，生徒に希望進路と結びついた科目選択を行わせる上で役立ちました。

—— 適切に指導・助言した ＜⬇ダウン＞ ——

　A先生は，問題が発生した原因について教務担当主幹教諭とともに，第1学年主任のB先生から話を聞きました。すると，該当の学級担任であるC先生は，本年度転勤してきたばかりで，「総合選択」の内容を十分理解できていないようであることが分かりました。また，他の教員との情報共有も不足していることが分かりました。B先生は，C先生との連携の必要性を感じてはいましたが，うまくいっていない様子でした。

　A先生は，B先生のこれまでの努力を認めたうえで，科目選択の取組の見直しとC先生への対応を一緒に考えました。そして，この状況を好機と捉え，以下のような指導・助言を行いました。

☐　ガイドブックを活用して，再度，第1学年の教員の共通理解を図ったら良いのではないか。
☐　学年主任として，各担任に業務を任せるだけでなく，その責任を共有してほしい。
☐　C先生の良さを認めて，それを引き出すために積極的に声掛けをしてほしい。

　B先生は，学年主任の責務を改めて認識し，学年教員とのコミュニケーションを密にしたり，ガイドブックを活用した科目選択の取組に対して積極的にかかわるようになりました。

学年主任への指導・助言

> 機を逃さずに指導したことは，C先生の課題を解決するだけではなく，B先生の力量を高めることにもつながりました。

大切なのは，相手の気持ちを察すること！

　取組がうまくいかない場合でも，責任の所在追及に終始しては，教職員間のモチベーションの向上や協働体制の構築にはつながりません。大切なのは相手の気持ちを察し，取組への意欲を高めることです。

事例-10 組織の機能化の中で若年層を育成する実践
～子供たちの安全を守る取組を通して～
＜行動様式 05，07，20，11 を中心に＞

1 学校の状況とミドルリーダーが描いたシナリオ

○ 校長の経営ビジョン

　J特別支援学校は，数年の間に児童生徒が増え続け，大規模の特別支援学校となりました。学校内外では，児童生徒が学習する時間帯だけでなく，生活する時間帯での事故が多発する危険性が高い状況です。そこで，校長は，まず，学校経営の基盤ともいえる，児童生徒にとって安全で，過ごしやすい教育環境を築くことを徹底させたいと考えました。そして，そのためには，教職員個々の資質能力を向上させることや，協働体制を整えることが必要だと考えました。特に，指導経験の少ない教職員の資質能力を向上させることが急務であると考え，経営の重点を若年教員の人材育成としました。

○ 教職員の状況

　J特別支援学校は，知的障害教育部門と肢体不自由教育部門を併置しており，各教育部門は小学部，中学部，高等部で編成されています。児童生徒の増加に伴う学級増により若年教員や講師も増加しています。また，教職員の入れ替わりにより，教職員一人一人の自校の危機管理に対する人的課題や物的課題に対する認識の違いが生じてきています。さらには，平常時の危機管理意識，危機発生時の対処能力，事故の再発防止の手順に違いが出てきています。以上のことから，学校のチーム化の三つの要件において目的共有と相互作用を進めなければならない状況にありました。

○ ミドルリーダーが描いたシナリオ

　以上のことを踏まえ，児童生徒指導主事A（以下A先生）は，表3-10-1の【学校経営感覚】に基づいて，全教職員でリスクの発見と対策の徹底という共通の目標の実現に向けて，若年層をはじめとする人材を育成しながら重点目標を具現化していくシナリオを考えました（図3-10-1）。

表3-10-1　組織の機能化の中で若年層を育成することにおいて発揮する学校経営感覚

課	ヒヤリとしたり，ハッとしたりした経験及び事故発生状況の分析を通して，危機を未然に防止するために必要な取組について共通理解したい。　　　　　　　　　　【モニタリング】
課	機動力のある安全指導係チーフを中心に全教職員によるリスク発見と対策を進め，より安全な環境をつくりたい。　　　　　　　　　　　　　　　　【課題解決への巻きこみ】
モ	全教職員に「子供たちの安全を守るため」に何をどうするべきかを考えさせ，マニュアルの改善を通して教職員の危機管理意識を高めたい。　　　　　　　【緊張感の醸成】
モ	後輩の職能に応じた支援をしたり，ミドル同士が担当する仕事の重要性を理解し合ったりしながら，互いに動きやすい状況をつくりたい。　　　　　　　　【関係の強化】

※　課…［課題解決の視座より］　　モ…［モチベーションの視座より］

第3章 ミドルリーダーによるマネジメントの実際

「安全で安心できる学校づくり」に取り組む中で，若年層をはじめとする人材の育成と教職員のチーム化を進める児童生徒指導主事のストーリー

※ [ ]内は，本書における行動様式の項目を表している
　　リ…リーダー的な機能　　マ…マネージャー的な機能　　メ…メンター的な機能
※ ⬆はミドルアップマネジメント，⬇はミドルダウンマネジメント，⬆⬇は両方の内容を表している

| **目的共有** | 相互作用 | 価値創造 |

校内における危機の未然防止に関する課題意識を教職員にもたせよう。

ミドルリーダーの行動①
[リ　04　必要な情報を集める]
⬆⬇ 課題を明確にし，解決のシナリオを描くために昨年度の事故発生状況を分析した。

| **目的共有** | 相互作用 | 価値創造 |

課題を視覚化して示し，教職員のベクトルを揃えよう。

ミドルリーダーの行動②
[リ　05　課題を整理する]
⬇ 全校で取り組む課題解決の具体的方策を視覚化して教職員と児童生徒に意識させた。

[リ　02　シナリオを描く]
⬇ 課題を基に具体的方策の内容と方法を協議し，教職員の共通理解を促した。

| 目的共有 | **相互作用** | 価値創造 |

課題解決に向けた校務をメンバーの特性に応じて任せよう。

ミドルリーダーの行動③
[マ　07　チーム内の役割を考える]
⬇ 学校内外でチームのメンバーと積極的にコミュニケーションをとり，特性に応じた仕事を任せた。

| 目的共有 | **相互作用** | 価値創造 |

任せた仕事は成功するよう陰で支えながら，最後まで見守っていこう。

ミドルリーダーの行動④
[メ　20　指し手感覚を醸成する]
⬆⬇ 仕事の方向性を示し，実現までの過程は担当者に任せ，自分は調整役に徹した。

| 目的共有 | 相互作用 | **価値創造** |

課題解決のため，新たな取組に教職員を巻き込みたい。

ミドルリーダーの行動⑤
[マ　10　取組の見直しを図る]
⬆ 危機管理マニュアルの実効性について係で協議し，具体的内容を見直した。

[マ　11　挑戦的な目標を設定する]
⬆⬇ 毎年行っている取組は前年度踏襲ではなく，年度の課題解決のための視点を加えるよう促した。

| 目的共有 | 相互作用 | **価値創造** |

次のステップに向け，取組の成果は発信し，課題は共有しよう。

図3-10-1　子供たちの安全を守る取組を通して，組織の機能化の中で若年層を育成するストーリー

2　組織の機能化の中で若年層を育成するミドル・アップダウン・マネジメントの実際
(1)　「ミドルリーダーの行動　②」について

行動様式05　課題を整理する …… リーダー的な機能（→P36）

年齢や経験の異なる教職員が課題を共有できるようにするために

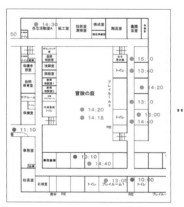

平成25年度のヒヤリ，ハッとした経験・事故発生図

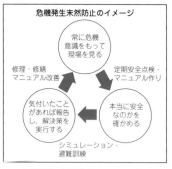

危険発生未然防止のイメージ図

―― 情報を分析した ――

A先生は，校内での事故発生の現状を知るために，昨年度のヒヤリ，ハッとした経験・事故報告を安全指導係で分析しました。すると，報告の約半数が4月と5月に集中していることが分かりました。そして，その原因は以下のとおりでした。
・教員の介助法が未熟であった
・児童生徒の行動を予測できなかった
・児童生徒の周囲に危険な物があることに気付かなかった

A先生は，これらは特別支援教育の経験が少ない教職員が多いということが背景にあると考えました。

また，発生場所や時間をまとめた左図からは，昼休みや下校直前に，教室や廊下で多発していることが分かりました。多角的に分析したことで事故の要因が明らかになり，A先生は全校的な対策の必要性を強く感じました。

―― 具体的な方策を係で検討した ＜⬇ダウン＞ ――

A先生は，教職員に自校で生活する児童生徒の実態に応じた危機管理の目的を理解してもらい，事故を未然に防ぐ危機管理体制を確立したいと考えました。そこで，A先生は，校内の事故発生状況の分析結果を教職員に示して潜在リスクの理解を図りました。そして，学年ごとに，児童生徒指導部の安全指導係が中心となって，児童生徒と教職員が取り組む方策を協議しました。その後，各学年の安全指導係が，具体的方策を持ち寄り，「着手容易性」「効果性」「協働性」の観点から検討し，実行する方策を決定しました。その結果，「廊下は右側を歩く」という当たり前ですが，J特別支援学校ではとても大切なことを児童生徒指導部として，全校に提案することにしました。

安全指導係は「廊下は右側を歩こう！」というポスターを作成して校内に掲示しました。A先生は「平成25年度ヒヤリ，ハッとした経験・事故発生図」「危機発生未然防止のイメージ図」を教職員に配付し，取組に対する共通理解を促しました。

> **大事なのは，みんなで考えること！**
> 課題解決の具体的方策はミドルリーダーが一人で考えるのではありません。ワークショップなどで知恵を出し合い，自分たちで決めた共通実践に取り組むことで「一人ではなく，みんなでがんばる！」という組織文化が醸成されていきます。

(2) 「ミドルリーダーの行動 ③」について

行動様式07　チーム内の役割を考える……マネージャー的な機能（→P40）

メンバー一人一人の強みをいかして課題解決にあたるために

──── メンバーの特性をつかもうとした ────

　400名以上の多様な実態の児童生徒が在籍するJ特別支援学校では、児童生徒指導部が担当する校務は非常に多岐に渡っています。大規模校であるため、児童生徒指導部の職員構成（右図）も児童生徒指導主事のA先生他37名の中で講師が24名、新転任者も10名いました。A先生は向上心に富む若い教員が多いことを児童生徒指導部の強みとして捉え、危機管理の向上にいかしたいと考えました。A先生はメンバーの日頃の仕事ぶりを観察したり相談に乗ったりする中で、特別支援教育への理解度やスキルとともに性格特性を把握するように努めました。

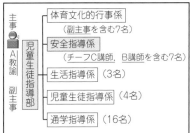

児童生徒指導部の構成

──── 任せて、支えて、価値付けた ＜⬇ダウン＞ ────

　A先生は児童生徒指導部の仕事を三つのレベルに分けて、把握した性格特性に応じて若手のメンバーに任せていきました。
① アンケートの集約や定期的な点検等の成果を把握する仕事
② 取組の工夫や改善のためにある程度の専門性が学べる仕事
③ 専門性に加えて、各係のチーフとして統率力が必要な仕事
　新任講師のB先生には、「いじめアンケート」の集約を依頼しました。児童生徒指導部フォルダに時系列に整理された実施要項や反省等を示し、仕事の見通しをもたせて任せるようにしました。A先生はアンケートの考察と結果報告の仕方について助言するとともに、「安全で安心できる学校づくり」に大いに貢献したことを伝えました。

　在籍3年目のC先生は、戦略的思考ができる数少ない人材であり、発信力にも優れているので、危機発生未然防止の取組に直結する安全指導係のチーフに任命しました。重要な役割を任されたC先生は、自分の能力を発揮する機会を得て「廊下は右側を歩く」取組に段階的に教職員を巻き込んでいきました。成功体験から自信を得たC先生は、自ら次頁の「安全点検チェック表」活用のアイディアをA先生に提案してきました。

メンバーの能力を捉える上での基本的な視点

①職務遂行能力
問題を解決するために不可欠な教科などに関する専門的知識を提供する。

②プロジェクト遂行能力
自立と協働のバランスを考えて、職務遂行上の様々な問題を見付け出し、解決策を考え、案を吟味し、効果的な選択をする。

③対人関係能力
他のメンバーに助言したり協力したりして、集団内の葛藤を解消する。

大事なのは、メンバーの能力を把握すること！

　取り組む仕事の質や量によってメンバーに求められる能力に違いが出てきます。一人一人が今までに仕事で貢献した内容や具体的な成果を踏まえて、その仕事を遂行するだけの能力を兼ね備えているか判断しなければなりません。

事例-10 組織の機能化の中で若年層を育成する実践

(3) 「ミドルリーダーの行動 ④」について

行動様式20　指し手感覚を醸成する …… メンター的な機能（→P66）

> 若手を主体的に仕事に取り組ませるために

――― 方向性を示し，見守った ＜⬆アップダウン＞ ―――

C先生は安全点検の改善をA先生に申し出てきました。それは，「これまで児童生徒指導部が記入していた『安全点検チェック表』を掃除時間等に異状に気付いた担当教職員が記入する」というものでした。A先生はそのためには新しい形式のチェック表が必要であることと，安全点検の内容が大幅に変わるので職員会議で教職員の同意を得る必要があることを伝えました。C先生がすぐに準備を始めたので提案までの段取りは任せることにし，A先生は管理職や事務職員との調整にあたりました。

資料3-10-1　新しい「安全点検チェック表」

【安全点検チェック表の工夫点】
・清掃区域と点検場所が同じなので日常的に安全点検を意識できる。
・点検場所と点検者を固定することにより，責任が明確になる。
・修理や修繕が必要な場合は，項目に「×」を記入し，修理依頼日を記して，事務職員に手渡す。

――― 仕事ぶりを大いに褒めた ＜⬇ダウン＞ ―――

C先生は資料3-10-1の新しい「安全点検チェック表」を作成しました。職員会議では，安全点検を改善する必要性を児童生徒の立場から理路整然と教職員に説明しました。A先生は，C先生の性格や仕事への取り組み方から，結果に至るまでの過程を大切にするタイプだと感じていたので，C先生に職員会議までの自分の仕事を振り返らせ，提案までの緻密な準備が教職員の納得につながったことを大いに称賛しました。

大事なのは，相手に応じて褒めること！

褒めるときは「相手が言われて一番うれしい称賛の内容は何か」を意識すると相手のモチベーションが高まります。

(4) 「ミドルリーダーの行動　⑤」について

行動様式11　挑戦的な目標を設定する …… マネージャー的な機能（→P48）

危機対応への緊張感をもち続けさせるために

　J特別支援学校では右表のような内容の「危機管理マニュアル」を作成しています。本年度の重点目標である「安全で安心できる学校づくり」のためにはこのマニュアルが本当に機能するものなのか常に確認しておくことが大切です。

―― 前年度踏襲を脱した＜⬆ アップダウン＞ ――

　A先生は，自校は敷地が狭いため「火災発生時」に教職員と児童生徒が安全かつ短時間で避難できるのかが常々気がかりでした。A先生は，より実効性の高い火災避難訓練を行う必要があると考え，安全指導係チーフのC先生に訓練の内容をより現実に即した状況にするように指示しました。C先生は，安全指導係のメンバーと十分に協議し，火災避難訓練の内容をより現実的・具体的に改善して，新たに以下のような提案をしました。

・火災発生場所を2階の家庭科室に変更する
　　（前年度は児童生徒の生活区域から離れた給食調理室）
・全児童生徒と教職員が15分以内に避難を完了する
　　（前年度は時間設定なし）
・消防署員に訓練を参観してもらい，教職員の動きや指揮・連絡系統について評価を受ける
　　（前年度は参観及び評価なし）

　前年度とは異なった提案に教職員からは戸惑いの声も聞かれましたが，管理職からの説明も加わりC先生の提案は了承されました。避難訓練に向け，児童生徒指導部を中心に避難経路の見直しや連絡・報告系統の確認等の準備が，学年団や部・係の連携により進められました。また，A先生の提案で避難訓練の前日には，管理職，事務職員，教育部門長，担当者により指揮系統の確認とリハーサルも行われました。

　当日は，火災発生の放送から避難終了の確認まで整然と行われ15分以内という目標も達成することができました。訓練を参観した消防署員からも高い評価を受け，児童生徒指導部をはじめとする教職員も達成感を得ることができました。

J特別支援学校　危機管理マニュアル

1. 怪我・発作等の対応
2. 所在不明児童生徒捜索マニュアル
3. 通学バス乗車時の対応
4. 通学バス故障時の対応
5. 不審者侵入への対応
6. 火災発生時の対応
7. 地震発生時の対応
8. プール事故への対応
9. 交通事故への対応
10. 食中毒発生時の対応

【火災避難訓練に関する消防署の評価】

　大規模校において子供たちをどう避難させるかを十分に想定し，全教職員・児童生徒さんが実際に動いて訓練していました。
　指揮・連絡系統も明確でよく練られていました
　大規模校で本当にここまでやっている学校はなかなかありません。特に特別支援学校では他に類を見ない規模の訓練だと思います。県内の他の学校の手本となる訓練でした。

大事なのは，チームで目標を決めること！

　取組の最終的な全体目標は管理職などのトップ層が決定しますが，取組の方法や手順などにかかわる目標や内容は，チーム内で集団決定する場を設けるようにします。そのことが，チームとしての取組に対する緊張感を醸成していくことにつながります。

Chapter 4

第4章

20の行動様式を
いかした人材育成

校長のリーダーシップとマネジメントを積極的に支える
ミドルリーダーの育成は,喫緊の課題です。
そこで,「20の行動様式」をいかして,
　■どんな人材育成の見通しをもったのか
　■どのような関わり方をしたのか
　■その結果として,どんな成果があったのか
という内容についてわかりやすくまとめました。

1 「ミドルリーダーに求められる20の行動様式チェックリスト」を活用する意義

　本書は基本的にミドルリーダーを対象としているので，第1章から第3章ではミドルリーダーの機能，身に付けるべき20の行動様式，ミドルリーダーによるマネジメントの実際について述べてきました。しかし，ミドルリーダーは自然に育つものではなくトップリーダーである校長が意識的に育てるという人材育成の視点が不可欠です。

2 「ミドルリーダーに求められる20の行動様式チェックリスト」の活用

(1) 調査概要
- ① 調査名称　　：20の行動様式をいかした人材育成に係る調査
- ② 調査のねらい：校長による人材育成における「ミドルリーダーに求められる20の行動様式チェックリスト」の有効性を調査する。
- ③ 調査対象　　：福岡県内の公立学校10校の校長及び主幹教諭・指導教諭・教諭の職にあるミドルリーダー若しくはミドルリーダー候補　10名
- ④ 調査時期　　：平成27年6月中旬～7月下旬
- ⑤ 調査内容
  - ア　現状把握：チェックリストにより「リーダー的な機能」「マネージャー的な機能」「メンター的な機能」において優れている行動様式，伸ばしたい行動様式を校長とミドルリーダーのそれぞれが把握する。
  - イ　指導助言：課題解決のための業務に取り組むミドルリーダーに対して，その様相やチームの状態を観察し，機会を捉えて指導・助言する。
  - ウ　評　　価：取組におけるミドルリーダーの様相や所属するチームの変容を評価する。

(2) 活用方法

　調査の結果，チェックリストの活用が人材育成に有効であるという多数の回答を得ることができました。しかし，更に効果的に人材育成を進めるため以下のような留意点が指摘されました。

- ○ 活用時期
  - ・人事評価における自己評価と連動させるなどして，年度前半と後半の複数回行うことが望ましい。
- ○ 活用目的
  - ・すでにミドルリーダーである人材をステップアップさせるためなのか，中堅や若年層をミドルリーダーとして育てるためなのか，自校の現状に応じて育成の対象と目的を明確にする。
- ○ 活用方法
  - ・現状把握の段階で校長と対象者が認識や育成の方針，重視する行動様式について十分に話し合う。
  - ・学校組織として取り組むために，校長が選定した対象者を副校長・教頭や主幹教諭といったアドバイザーが指導・助言する体制を作る。
  - ・自校の現状に応じてチェックリストの行動様式の数，内容，活用方法等をアレンジして自校化を図る。

ミドルリーダーに求められる２０の行動様式チェックリスト

回答は，「４：とてもしている」「３：している」「２：あまりしていない」「１：していない」から選択する。

機能		番号	行動様式	設問内容	4	3	2	1
リーダー的な機能	方向付け	01	重点目標や経営の重点を具体化する	校長が示した重点目標や経営の重点（以下，経営ビジョン）の内容を解釈して，具体的な数値や行動レベルで共有化している。				
		02	シナリオを描く	自分の仕事に関して，経営ビジョンと教職員をつなぐために，「何を」「どんな方法で」「どの程度まで」するのかを具体化して示している。				
	事前探究	03	現状を把握する	課題をよりよく解決するために，児童生徒と教職員の様子（経営ビジョンで目指す児童生徒の姿，教師像と現在の姿の差）を把握している。				
		04	必要な情報を集める	現状の把握に基づいて目標や重点を具体化したり，シナリオを描く際に必要な情報を入手するために，日常的にアンテナを張っている。				
		05	課題を整理する	どの課題から取り組むことが効果的なのかを判断して，その課題の解決につながる具体的な方策（共通実践の内容）まで考えている。				
マネージャー的な機能	課題提示	06	チーム化の状態を分析する	共通の目的を意識しているか，相互作用が働き，創造性のある協働的な取組ができているかという視点から集団の状態を捉えている。				
		07	チーム内の役割を考える	個々の教職員の性格や能力等に着目して必要な役目の割当てを考え，組織としての協働性や仕事の効率を高めている。				
	役割遂行	08	評価指標の設定を促す	実践が目標に向かっているのかを適宜振り返ることができるように，どのように頑張り，どこまで高めるのかという指標を設定させている。				
		09	機会を捉えて指導・助言を行う	教職員の経営ビジョンの実現を目指した教育活動の進捗状況を把握し，適切なタイミングを逃さずに，前向きな示唆や必要な情報を提供している。				
	改善要求	10	取組の見直しを図る	年度当初や学期の始めに確認した取組の状況を途中で評価して，必要に応じて取組の内容や方法に改善を加えている。				
		11	挑戦的な目標を設定する	「このままでよいのか」という危機感を刺激して，教職員の能力をフルに引き出せるような「より努力を要する難度の高い目標」を設定している。				
	協働促進	12	連携を俯瞰する	各組織（ミドルリーダー）の仕事内容及び相互の関連を把握し，どんな連携ができるのかを考えて，組織の全体像を明らかにしている。				
		13	仕事を調整する	活動が停滞しないように，各組織（教職員）が担当している仕事の内容や量，進捗状況を確認し合い，具体的な連携の工夫を考えている。				
メンター的な機能	個別配慮	14	チームの担い手を育てる	必要な役割や機会を与えて，教職員の職務遂行能力，プロジェクト遂行能力，対人関係能力，使命感や責任感等を高めることを常に考えている。				
		15	負担感に気付く	表に出る多忙感や疲労感だけでなく，内面に抱えている不安や心配，焦り等に気付く努力をするとともに，積極的に支援することを心掛けている。				
		16	折り合いを付ける	ミドルリーダーと教職員がもっている目標や内容のすりあわせを行い，全員のモチベーションが損なわれないような合意点の調整に努めている。				
	信頼蓄積	17	仕事ぶりを的確に評価する	教職員の仕事ぶりを，「共通の目的に向かう」「相互作用を活性化する」「新たな取組を創造する」という視点から価値付けている。				
		18	あえて巻き込まれる	教職員に仕事を任せたら，進捗状況を見守り，行き詰まっているときには，さりげなくかかわって必要な支援をしている。				
		19	責任を共有する	担当者が責任をもって仕事を遂行，完了することができるように支援して，主体的，創造的な取組を促している。				
		20	指し手感覚を醸成する	「やらされ感」からではなく，自分の意志に基づいて仕事をしているという感覚をもたせるようなコミュニケーションの工夫を心掛けている。				

事例-1［小学校］

主題研究を協働して推進する研究主任へ

1 校長はどんな人材育成の見通しをもっていたのか

【こんなミドルの現状があった】

　教諭Aは、研究発表会が行われる本年度に初めて研究主任に任命されました。教諭Aの実践的指導力は高く、中核教員として学校の教育課題解決と教員の実践的指導力向上のための研究推進が期待されています。しかし、教諭Aは、研究を自分の力だけで推進する傾向があり、他の教員を巻き込みながら協働して主題研究を推進する意識や行動に課題がありました。

【こんな育成プランを考えていた】

　教諭Aに、研究主任として年間の研究推進を見通して、研究のPDCAサイクルを意識した組織運営を行わせたいと考えました。また、研究組織運営を通して授業改善を計画的・効果的に推進するミドルリーダーとしての行動を経験させることも大切です。そして、全教員で課題を解決するよさや人を育てる喜びを感じさせ、他の教員との信頼関係を蓄積させたいと考えました。

【こんな行動様式を重視した】

　教諭Aに求めた行動様式は、No.07「チーム内の役割を考える」、No.13「仕事を調整する」及びNo.14「チームの担い手を育てる」です。校長は、教諭Aに研究推進委員の性格、能力等に着目して必要な役割を与えること、学年の研究進捗状況を確認して授業改善が活性化するようにして、教員の職務遂行能力やプロジェクト遂行能力を高めることを指導しました。

2 校長はミドルリーダーとどんなやりとりをしたのか　　（TL：校長　ML：ミドルリーダー）

やりとり1	【状況】……主題研究推進計画立案と組織運営の指導をする ＴＬ：研究発表会までの目標、学期毎の目標、研究推進委員会と担任の先生方の仕事の予定が明確になるとよいのですが、どのようなことができそうですか？ ＭＬ：1学期末・研究発表会・年度末の目標を意識したスケジュールを作成して、研究推進委員会と担任の先生方の仕事内容が分かる計画を提案しようと思います。 ＴＬ：よく頑張っていますね。たくさんの仕事をしていますが無理していませんか？ ＭＬ：私が率先して仕事をすることが大切だと思っています。 ＴＬ：研究推進委員の中で、授業提案や評価情報を任せられる人はいませんか？ ＭＬ：B先生とC先生ができるかもしれません。 ＴＬ：役割を分担してみてはどうでしょうか。仕事を分担すれば、効率的に仕事を進めたり、みんなの目的意識を変えたりすることにもつながりますよ。任せた先生が困ったときには支援してください。私にもできることがあればいつでも相談してください。
やりとり2	【状況】……研究推進委員への個別の配慮を助言する ＭＬ：役割分担したので、研究推進委員の目的意識が高まったように思います ＴＬ：よかったですね。各学年の授業改善の方は、順調に進んでいますか？ ＭＬ：若年教員が所属する学年で、授業改善が上手くいっていないようです。 ＴＬ：若年教員を指導されているベテランの先生への支援をする中で、一緒に指導方法を考えたり、模擬授業を提案したりして個別に工夫してみてはどうでしょうか。 ＭＬ：今度は主幹教諭や学年主任からも情報を得て、授業を行う前に学年の支援をしたり、自分から気になる先生に声掛けしたりしていきたいと思います。

3 チェックリストを用いた人材育成に取り組んだ校長の振り返り

人材育成にチェックリストを活用することは有効ですか　　| 1 | 2 | 3 | **4** |
※　活用への期待感……1：ぜんぜん　2：少し　3：まあまあ　4：とても

　「ミドルリーダーに求められる20の行動様式チェックリスト」の活用によって，自校のミドルリーダーの仕事上の役割に照らした具体的行動を選んで重点的に指導することができた。
　教諭Ａの場合は，自分一人で行ってきたことを組織内の教員の性格や能力を把握して役割分担し，仕事を効率的に行えるように努力してきている。また，他の教員に任せた仕事の支援も心掛けるようになり，他教員からのフォロアーシップを受けることで本人の達成感にもつながってきている。
　教諭Ａが研究推進委員会の他教員に役割分担したことで，研究推進委員が課題を共有し，研修会の目的を強く意識するようになった。また，教諭Ａの支援を受けた教員が自分から教諭Ａの仕事を手伝う姿も見られるようになってきている。さらには，教諭Ａが，教員の能力に応じて指導案検討や模擬授業を丁寧に支援したことで，若年教員だけでなくベテランの教員からも相談を受けるようになり，教諭Ａへの信頼が高まってきている。
　このチェックリストはミドルリーダー本人も自己評価できるので，校長と本人がミドル自身の強みと弱みを共有することができる。校長が強みをいかしたり弱みを克服したりする指導ができることは，バランスのとれた資質能力をもつ人材育成に寄与できると考える。

4 チェックリストを用いた人材育成の対象となったミドルリーダーの振り返り

ミドルリーダーとして成長する方向性は具体的になりましたか　　| 1 | 2 | 3 | **4** |
※　成長への期待感……1：ぜんぜん　2：少し　3：まあまあ　4：とても

　校長の指導を受けて，チームの力を結集すればより創造的で効率的な仕事になることを学ぶことができた。特に，指導の中でも「研究を推進するための行動と授業を行う先生方の仕事の時間軸の違いを明らかにして，進捗状況を確認できる計画表等を作成すること」「組織内の役割分担は教員の性格に配慮するとともに，教員の能力に応じて役目を割り当てること」「役割分担は人材育成につながるが，仕事を任せる際には不備な点を十分に支援していくこと」は研究主任としての行動を改善する上で大変参考になった。
　校長の指導後，研究推進のスケジュールや役割分担を明確にしたことで研究推進委員会だけでなく，学校全体の動きを考えるようになった。また，自分の組織の中で，生じた問題をお互いが相談するようになった。結果としてチーム内のコミュニケーションが活性化し，みんなでアイディアを創出しながら問題解決できた。
　今後は，自分の力だけでなく，他の教員の力も発揮できるような組織運営になっているかを，チェックリストを見ながら自分で点検していきたい。

事例−２［小学校］　協働的な学力向上を推進する主幹教諭へ

事例−２［小学校］
協働的な学力向上を推進する主幹教諭へ

1　校長はどんな人材育成の見通しをもっていたのか

こんなミドルの現状があった

　主幹教諭Ｂは，本校勤務６年間で３度の教務主任経験があり，自校の教育課程の編成及び適切な運営管理に十分に力を発揮しています。協調性があり，連絡・調整の丁寧さや各担当者をさりげなくサポートする優しさもあります。今後は教職員をリードし，教育課題や経営課題の解決を協働的に進められるように，組織運営していく意識を高めてほしいと感じていました。

こんな育成プランを考えていた

　学力向上の取組の課題に気付かせ，その課題解決策の推進役とすることにしました。課題解決策の推進役となることで，主幹教諭Ｂが組織運営の経験を積むことができ，リーダー的役割を意識させられると考えました。この育成プランを実施する中で，周囲の教職員も協働的な課題解決による成果が実感できると考えました。

こんな行動様式を重視した

　主幹教諭Ｂは，マネージャー的な役割については十分実践ができているので，課題の方向付けや事前探究というリーダー的な役割を重視したかかわりを心掛けました。課題の分析と解決に向けた取組の方向付けにより，主幹教諭Ｂがプロジェクトリーダーとして学ぶよい機会になると考えました。以上のことから，行動様式No.05「課題を整理する」を中心とした育成を試みました。

2　校長はミドルリーダーとどんなやりとりをしたのか　　（TL：校長　ML：ミドルリーダー）

やりとり1	【状況】……学力向上に係る課題に気付かせる　① ＴＬ：学年によって学習規律に違いがあるように思います。 ＭＬ：研修部から学習規律の提案があっていますが，確かに学年間で差があるようです。 ＴＬ：学年が変わると学習規律も変わると児童も戸惑いますね。先生なりに課題を分析してください。いろいろな視点から多面的に考えると課題が見えてきますよ。 ＭＬ：私なりに分析し，校内研修担当者を通して徹底したいと思います。 ＴＬ：よろしくお願いします。取組の効果も説明すると教職員を巻き込みやすくなります。
やりとり2	【状況】……学力向上に係る課題に気付かせる　② ＴＬ：書く力を高めるノート指導ですが，思考力，表現力の向上に結び付いていますか？ ＭＬ：各教師が，研修部が提案したノートのとり方（形式）に則って指導していますが，自分の考えを表現するという点では個人差があるようです。 ＴＬ：記述内容について，速やかに方向性を示すよい方法はないでしょうか？ ＭＬ：イメージがもてるように，記述モデルを検討したいと思います。
やりとり3	【状況】……小規模校の運営体制についての課題を打ち合わせる ＴＬ：各学級に支援を要する児童が複数いて，担任だけでは対応が難しいようですが。 ＭＬ：児童支援部と相談し，ケース会議を開いて担任外の対応を検討します。 ＴＬ：学校全体の課題と捉えて，協働的に取り組むようにしましょう。 ＭＬ：はい。ケース会議ではシートを用いて支援方法を協働的に検討し，全教職員で共有します。内容や方法は特別支援教育コーディネーターと相談し，再度報告します。

3　チェックリストを用いた人材育成に取り組んだ校長の振り返り

人材育成にチェックリストを活用することは有効ですか	1	2	3	**4**
※　活用への期待感……1：ぜんぜん　2：少し　3：まあまあ　4：とても

　「ミドルリーダーに求められる20の行動様式チェックリスト」は，人材育成の対象となる教職員に求められる行動が網羅的に示されており，当該教職員の強みや弱みを確認することができる。また，育てたい機能を焦点化することにより，ミドルリーダーの成熟度や仕事に応じて効果的・効率的に指導することが可能となった。
　本校主幹教諭Bは，常に冷静沈着で，謙虚な姿勢で人と接することができ，他の教職員から高い信頼を得ている。主幹教諭Bには，更にリーダー性を高めてもらいたいと思い，より戦略的で共働的なマネジメントを指導した。そこで，20の行動様式を基に，優先順位を付けて教育課程の課題を整理することと併せて，「効果があるか」「容易にできるか」「協働できるか」の視点による課題解決の具体的な方策を各主任等と検討することを求めた。結果，重点目標達成に向けて阻害要因となっている小規模校組織の課題や学力向上に対する指導方法統一の課題を重み付けし，優先順位を付けて取り組むことで課題が一つずつ解決していきつつある。具体的には，以下が成果として挙げられる。
　・主幹教諭Bが校内研修担当者に働きかけ，全児童対象の「学び方集会」を実施した。
　・主幹教諭Bは教務通信で学習ノートのモデルを紹介した。
　・主幹教諭Bが特別支援教育コーディネーターに働きかけ，支援を要する児童の指導方法の共有及び取り出し・入り込み等を計画し，全教職員で指導に当たった。

4　チェックリストを用いた人材育成の対象となったミドルリーダーの振り返り

ミドルリーダーとして成長する方向性は具体的になりましたか	1	2	3	**4**
※　成長への期待感……1：ぜんぜん　2：少し　3：まあまあ　4：とても

　本校はベテランの教員が多いため，個々に任せていても担当校務や学級経営を十分に遂行することができていると捉えていた。しかし，今回の指導を受けて，各部会や各学級の課題を整理し，解決のための具体的な手立てを示しながら主務者に働きかけたり，全教職員の共通実践を図ったりすることの大切さを学ぶことができた。
　そのきっかけとなったのは，「その課題を解決すればどんな効果が期待できるのかをきちんと説明しないと協働につながらない」というアドバイスをいただいたことである。具体的には，
　・主体性と課題解決の意欲を高めるような提案をする。
　・解決の具体的手立てとともに主務者に働きかける。
という示唆をいただいたことが大きかった。課題解決の取組を円滑に実施するための対応策を知ることができたからである。
　これからも協働的な学力向上の取組を進めるためにチェックリストの行動様式を参考にして，できているかをチェックしながら教務運営にいかしていきたい。

事例−3 ［小学校］

学習規律の向上を推進する副教務主任へ

1 校長はどんな人材育成の見通しをもっていたのか

こんなミドルの現状があった

教諭Cは，本校勤務7年目で生徒指導や教育相談の力量は優れています。これまでは高学年を担任し，個別指導が必要な児童の多い学級でも見事な学級経営を行ってきました。しかし，教諭Cの高い指導力は学級経営レベルで留まっており，学校全体に潜在している生徒指導上の課題に気付いたり，その課題解決の方策を見いだしたりすることには意識が及んでいませんでした。

こんな育成プランを考えていた

生徒指導の視点を取り入れて学習規律の向上を進める「副教務主任」を校務分掌に位置付け教諭Cに担当させることを考えました。そして積極的に教室訪問を行わせ，教室訪問から見えた学習規律の向上につながる取組や配慮を要する児童への対応について，学力向上推進委員会で全校で取り組む実践を提案させようと考えました。そうすることで教諭Cの生徒指導や教育相談における指導力を学校経営にいかしたいと考えました。

こんな行動様式を重視した

教諭Cは，学級経営に関する相談に乗ることなどはできていたので，ここではリーダー的機能を発揮させることを重視しました。自ら教室を回って学習規律にかかわる現状を知り，情報収集して課題解決策を実践する資質及び能力を伸ばしたいと考えました。以上のことから行動様式No.03「現状を把握する」とNo.04「必要な情報を集める」を重視した育成を試みました。

2 校長はミドルリーダーとどんなやりとりをしたのか　　（TL：校長　ML：ミドルリーダー）

やりとり1	【状況】……教室訪問後の現状把握の状況を尋ねる TL：教室訪問で，学習規律向上に関して早急な対応が必要な学級に気付きましたか？ ML：○年○組は始業後も話し声が絶えず，子供が不安定だと感じます。学校全体の現状を客観的に知るため，全学級でアセスや生活アンケートを実施しようと思います。 TL：いいですね。その後はデータを整理して，当面の学習規律目標を設定できますか？ ML：はい。何ができるかを自分なりに考えて，提案していきます。
やりとり2	【状況】……現状把握後の経過と今後の予定について話し合う TL：アセスのデータ分析や学習規律目標設定の件，その後どうですか？ ML：共通理解すべき課題があるので更に情報を集め，学力向上推進委員会で提案します。 TL：学力向上推進委員会に向け，校内だけでなく校外の情報入手も行いましょう。また，これを機会に教職員全体が高まるよう，組織的対応についても提案してください。
やりとり3	【状況】……学力向上推進会議に向けて話し合う TL：学力向上推進委員会に向けての段取りはどうですか？ ML：おかげで提案のための情報もずいぶん集まりました。ただ，先生方に組織としての動きを理解してもらえるかが不安です。 TL：把握した現状と集めた情報から方策を具体的に示せば大丈夫です。大まかなシナリオがあると先生方は安心するものです。その効果も示せるとなおよいですね。 ML：はい，ありがとうございます。そのような視点が示せるようにさらに準備します。

3 チェックリストを用いた人材育成に取り組んだ校長の振り返り

人材育成にチェックリストを活用することは有効ですか　　| 1 | 2 | 3 | **4** |
※　活用への期待感……1：ぜんぜん　2：少し　3：まあまあ　4：とても

　「ミドルリーダーに求められる20の行動様式チェックリスト」を活用すると，校長自身が，人材育成の対象となる教員に指導すべきミドルリーダーとしての視点が明らかになり，意図的な指導・助言をすることができた。
　学習規律向上のために，教諭Cが長けている生徒指導や教育相談の視点を全校に広げることを通して，学校運営にかかわらせるとともにリーダー性を発揮させようと考えた。そこで，20の行動様式を基に，教室訪問を行う中でリーダー的機能を意識し，「現状を把握して」「必要な情報を集める」こと，そして課題解決を推進することを求めた。
　その結果，具体的には以下のようなミドル・アップダウン・マネジメントが見られた。
- 現状把握からできることを考え，児童の学習規律向上への対応を組織的に行った。
- 学力向上推進委員会に向けて，描くシナリオが明確になるような情報を集めた。
- 大きな事象から小さな徴候まで，「学校を見る」という経営的な視点がもてた。

　相乗効果として，先生方にみんなで子供を育てているという一体感が生まれたことを強く感じている。先生方が学級の人間関係の改善に積極的になったり，お互いに連絡・相談を密にしたりする姿も多く見られるようになった。

4 チェックリストを用いた人材育成の対象となったミドルリーダーの振り返り

ミドルリーダーとして成長する方向性は具体的になりましたか　　| 1 | 2 | 3 | **4** |
※　成長への期待感……1：ぜんぜん　2：少し　3：まあまあ　4：とても

　学校経営という視点が弱かった私は，副教務主任をするに当たり，「仕事にやりがいはあるのか」というモチベーションでの不安，「他の先生方とうまくやれるのか」という人間関係での戸惑いがあった。そのような時に校長から，リーダー的な機能に関する具体的な行動様式についての助言をいただいたことは，大変ありがたかった。併せて，「教室にどんどん入って，自信をもって提案していいよ」という安心できる一言をいただき，現在の自分に至っている。特に自分にとってよかったのは，以下のことである。
- 児童の学習規律向上という大きな視点から自分なりに課題を見付け，どうすれば解決できるか考えて学力向上推進委員会に提案し，協働することができた。
- 提案する中で，いつも組織的対応を心掛けるようになった。

　今回の行動様式の実践を通して，校長が副教務主任というポストを設け，私にミドルリーダーとしての意識をもたせたかった意図が分かった気がする。副教務主任としてリーダー的な機能に関する行動様式を実践したことは，自分にとってとても大きな自信につながったと感じている。

事例-4［小学校］
後輩教諭への関わり方を考えて動く学年主任へ

1　校長はどんな人材育成の見通しをもっていたのか

こんなミドルの現状があった

　第1学年の学年主任を務める教諭Dは，学習指導や集団づくりに熱心に取り組み，自分なりの授業論や学級経営論をもっています。しかし，それらの経験や知識がいかされるのは自分の学級に対してであり，学年や学校全体を考えて発揮されることはあまりありませんでした。したがって，先輩として後輩教諭の力量向上に進んでかかわろうとする姿もほとんど見られませんでした。

こんな育成プランを考えていた

　後輩教諭に対してどのようにかかわるのかを，自ら考え，実践させることを第一にしました。そこで，同学年の初任者と2年目の教諭を，学年全体の学力向上に巻き込むことを課題としてもたせたいと考えました。具体的には，学力向上プランに基づいた実践が学年全体に定着するように，若い二人の教諭に対して，どんなかかわり方をしたらいいのかを意識させました。

こんな行動様式を重視した

　どんなかかわり方，つまりどんなコミュニケーションを構築するかということを考えさせる必要があるので，行動様式No.20「指し手感覚を醸成する」を重視した育成を試みました。相手のモチベーションを下げないように納得させたり，自分で解決できるというやりがいをもたせたりするコミュニケーションをとりながら，後輩に積極的にかかわる姿勢を育てなければなりません。

2　校長はミドルリーダーとどんなやりとりをしたのか　　(TL：校長　ML：ミドルリーダー)

やりとり1	【状況】……後輩教諭の授業参観に対する考えを確かめる ＴＬ：後輩の授業を参観するに当たっては，どんなことを大事にしていますか？ ＭＬ：よいところは参考にしたいし，問題点があればアドバイスしようと思っています。 ＴＬ：「よいところは参考にしたい」という言葉掛けによって，後輩の意欲を高めたいという考えは大事ですね。是非，明日の授業参観にいかしてください。
やりとり2	【状況】……授業参観後の授業者（同学年）への指導について助言する ＴＬ：今日の授業については，どんな指導を考えていますか？ ＭＬ：はい。導入の段階で，子供が課題を意識しないままに授業を進めていたことについて，改善案を示したいと考えています。 ＴＬ：私も導入が一番の課題だと思いました。ただ，先生が改善案を教えるだけでよいのでしょうか。本人が課題に気付くように話すことが大事だと思いますよ。
やりとり3	【状況】……保護者が参観する授業の板書を同学年で審議したという報告を受ける ＴＬ：とてもよいことをやってくれていますね。同学年の先生方も感謝していますよ。 ＭＬ：今回は，めあてにつなぐ活動を○○先生に提案してもらいました。 ＴＬ：そういう指導の在り方が，後輩の成長につながっていくのではないでしょうか。後輩の先生方を気に掛けてくれる気持ちは，私も大変ありがたく思います。

3 チェックリストを用いた人材育成に取り組んだ校長の振り返り

人材育成にチェックリストを活用することは有効ですか　　| 1 | 2 | 3 | **4** |
※　活用への期待感……1：ぜんぜん　2：少し　3：まあまあ　4：とても

　「ミドルリーダーに求められる20の行動様式に関するチェックリスト」を用いることによって，校長とミドルリーダーが同じ観点で対象者の課題について検討し，それを共有することができた。このことで，ミドルリーダーとのコミュニケーションが密になり，課題の確認→実践→評価というPDCAサイクルが機能し，以下のような教諭Dの変容が見られた。
- 学習指導に関する知識や技能だけでなく，自らの子供観や教師としてのやりがいを同学年の教諭に語る姿が見られるようになった。
- １週間，１か月のスパンで学年の取組を可視化したシナリオ（見通し表）を作成し，自分の学級だけではなく，学年全体で子供を育てていく姿勢をもつようになった。
- 同学年の後輩教諭だけでなく，教諭Dが主任を務める体育部の若年教員に対するメンターとしての立場も意識するようになり，すべてを自分でするのではなく，若年教員に仕事を任せることもできるようになった。

　以上のことから，「指し手感覚を醸成する」という行動様式を重視して教諭Dの育成を考えたことは大変有効であった。校長が人材育成の見通しをもつ上でチェックリストは使えると思う。ただ，比較的若い学年主任や経験の少ない学年主任にはチェックリストの内容が難しいので，管理職が説明することも必要だろう。

4 チェックリストを用いた人材育成の対象となったミドルリーダーの振り返り

ミドルリーダーとして成長する方向性は具体的になりましたか　　| 1 | 2 | 3 | **4** |
※　成長への期待感……1：ぜんぜん　2：少し　3：まあまあ　4：とても

　年度当初に，校長から「自分の学級の取組を同学年や学校全体に広げていくことが，本年度の経営の重点を受けて動くミドルリーダーとしての役割だ」という話をしていただいた。そこで，自分が頑張る姿を見せれば，同学年の若い先生方もついてきて，それぞれ教師としての力量を高めることができるだろうと考えた。しかし，現状は思うように進まず焦りを感じていたところで，校長からチェックリストを用いた指導を受けることができて，「指し手感覚を醸成する」という課題を意識した。

　その際に，「後ろ姿を見せる」ことも大事だが，「認める」「褒める」「任せる」という行動も必要だというアドバイスをいただき，今まで考えていなかった視点に気付かされた。「頑張る姿を見せれば……」というのは，結局，学年主任として先生方に積極的にかかわることを避けていたことに気付き，自分なりに「認める」「褒める」「任せる」を実践することができたと思う。今後も20の行動様式に関するチェックリストを活用して，よりよい実践を求めていきたい。

事例-5［小学校］
教職員とのよりよい人間関係を構築する主幹教諭へ

1　校長はどんな人材育成の見通しをもっていたのか

こんなミドルの現状があった

　主幹教諭Eは教務主任を8年間経験していて，教務担当としての仕事や教育課程の質的，量的管理には十分な力量を発揮しています。ただ，他の教職員に対して「自分も頑張っているんだから，あなたたちもするのが当然」という意識が強く，他の教職員がもっている負担感や努力している状況に配慮した働きかけがあまり見られませんでした。

こんな育成プランを考えていた

　まだ仕事を熟知していない若年教員や講師の学級経営や授業づくりに頻繁にかかわらせる中で，相手の立場を十分に考えて指導する機会を意図的に設けていきたいと考えました。そのことによって，教職員が「E主幹は厳しいけれど，それだけ真剣にかかわってくれている」という信頼感をもち，進んで相談したり指導を受けたりする関係を築かせたいと考えました。

こんな行動様式を重視した

　主幹教諭Eはリーダー的，マネージャー的な役割については十分実践することができているので，メンター的な役割を重視しながらかかわっていくことにしました。特に重視したのは，行動様式No.15「負担感に気付く」及びNo.18「あえて巻き込まれる」です。主幹教諭Eの言動の厳しさの裏にある優しさや面倒見のよさを教職員に感じさせることによって，教職員との信頼関係を構築するとともに，主幹教諭Eが教職員への配慮を学ぶよい機会になると考えます。

2　校長はミドルリーダーとどんなやりとりをしたのか　　（TL：校長　ML：ミドルリーダー）

やりとり1	【状況】……学校訪問における指導案づくりに関する打ち合わせをする ＴＬ：若い先生方の指導案はできていますか？ ＭＬ：頑張ってもらったので一応はできていますが，中身はまだまだの状態です。 ＴＬ：市教委への提出は今週末ですが，指導案の修正はどうするつもりですか？ ＭＬ：私が以前に作成した指導案を渡して，それを参考に修正させようと思います。 ＴＬ：よろしくお願いします。手伝えることがあったら言ってくださいね。
やりとり2	【状況】……二日後に修正された指導案が提出される ＴＬ：もう修正ができたので驚きました。○○先生（初任者）は無理していませんか？ ＭＬ：私たちが若い頃は，見てもらったら翌日に修正案を提出するのが当然でしたよ。 ＴＬ：鍛えることは大事ですが，無理をすることをよしとしないようにしましょう。相手の体調や力量に応じて，ということが大事ではないでしょうか。
やりとり3	【状況】……修正された指導案に基づいた模擬授業の振り返りをする ＴＬ：模擬授業の指導，お疲れ様でした。内容と方法がはっきりしてきましたね。 ＭＬ：昨日，一緒に発問を考えながら教材づくりを手伝ったんです。 ＴＬ：それは大変でしたね。ありがとうございます。○○先生も感謝していますよ。 ＭＬ：はい。模擬授業の後，「一緒に考えてもらって発問の仕方が分かってきました。今度は自分で考えてみます」と言われましたよ。 ＴＬ：それはよかったですね。E先生のおかげですよ。

3 チェックリストを用いた人材育成に取り組んだ校長の振り返り

人材育成にチェックリストを活用することは有効ですか　　1　2　3　**4**
※　活用への期待感……1：ぜんぜん　2：少し　3：まあまあ　4：とても

　「ミドルリーダーに求められる20の行動様式チェックリスト」を活用すると，人材育成の対象となる教職員にミドルリーダーとして「なんのために」「どんな機能」を発揮させるべきかを具体的に考えることができ，的を射た指導・助言をすることができた。
　本校の主幹教諭Eは，責任感が強く能力も高いので，無意識に指示的な発言が多くなり，言われたことはするのが当然という態度で他の教職員に接していた。そこで，20の行動様式を基に，以下の点についてアドバイスした。
　　・指示することも大事だが，「気に掛けている」ことをきちんと伝えるようにする。
　　・自分から進んで仕事を手伝うようにして，その中で最小限の助言をする。
　その結果，若年教員に対してだけでなく，他の教職員に対しても，以下に示すような配慮をもってかかわる主幹教諭Eの姿が見られるようになった。
　　・相手の力量や抱えている仕事量を考える。
　　・相手が，任された仕事を完遂できるようにお膳立てをする。
　　・「やってもらえると，ありがたい」という態度で仕事を依頼する。
　そして，教職員からは「仕事をしやすくなった」という声が上がるようになり，モチベーションの高まりを実感した。

4 チェックリストを用いた人材育成の対象となったミドルリーダーの振り返り

ミドルリーダーとして成長する方向性は具体的になりましたか　　1　2　3　**4**
※　成長への期待感……1：ぜんぜん　2：少し　3：まあまあ　4：とても

　今までは，「教職員から反発を買ったとしても，教育活動の質が高まればそれでよい」と思ってやってきた。しかし，今回の指導を受けて，教職員が成長しないと集団はチームとしてまとまらないし，教育活動も高まらないということを学ぶことができた。そのきっかけとなったのは，校長から「自分の仕事も大事にするけれど，先生方にかかわることも大切にしないと……」というアドバイスをいただいたことである。特に，
　　・自分の仕事は後回しにして，先生方にかかわる時間をつくる。
　　・相手の経験年数や資質能力に応じたかかわり方がモチベーションを高める。
という具体的な行動様式についての示唆は，これまでの先生方へのかかわり方を見直す上で役に立った。「自分もしてきたから，先生方もしてください」ではなく，「みんなができるようにする」ための配慮が大事だということである。
　これからも教職員のモチベーションを高める行動様式をいかしながら，教務運営に取り組んでいきたい。

事例-6［小学校］

人材育成に積極的に取り組む主幹教諭へ

1　校長はどんな人材育成の見通しをもっていたのか

こんなミドルの現状があった

　主幹教諭Fは教務主任経験が長く，教務担当として教育課程を管理する力量は安定しています。しかし，4月に大規模校である本校に異動してきたばかりで，学校規模による職員数の違いや学校が抱える課題の違いに戸惑い，校長の意図を汲んで後輩を指導する積極性に欠けた点が見られました。また，教職員からも十分な信頼を得ているとは言い難い状況でした。

こんな育成プランを考えていた

　本校ではOJTとして五つの場を設定して実践していますが，主幹教諭Fに，その中の一つである若年教員を中心に行うOJT研修の企画，運営を任せることで，若年教員から信頼の厚いミドルリーダーにしようと考えました。また，経営課題である人材育成を，校長がどう解決しようとしているのか，後輩の指導を通して理解させようとしました。

こんな行動様式を重視した

　学校の約半数を占める若年教員や，新任研究主任の指導力向上を図るために，行動様式№14「チームの担い手を育てる」を重視しました。これまで小規模校でリーダーシップを発揮してきた主幹教諭Fに大規模校である本校で若年教員や研究主任の指導を行わせることで，キャリアステージに応じて意図的・計画的に人材育成を行う資質能力を身に付けさせたいと考えました。

2　校長はミドルリーダーとどんなやりとりをしたのか　（TL：校長　ML：ミドルリーダー）

やりとり1	【状況】……本校における人材育成の必要性に気付かせる ＴＬ：本校の課題の一つは若年教員とベテラン教員の経験の違いによる指導力の差です。 ＭＬ：異動してきて若い先生が多いことに気付いていました。 ＴＬ：若年層の先生の授業力向上のために金曜日の放課後に研修時間を設けています。その企画，運営をお願いします。それから，研究主任も新任です。研究の進め方についても指導・助言をお願いします。
やりとり2	【状況】……キャリアステージに応じた働きかけを示唆する ＴＬ：若年研修は順調に進んでいますか？ ＭＬ：最初はみんな意欲的でしたが，だんだん元気がなくなってきました。 ＴＬ：研修内容は，それぞれの先生方の求めに応じたものになっていますか？例えば，初任者には基礎・基本を教えることが中心になると思いますが，専門性が高まってきた5年目の○○先生には，後輩を指導するような力を身に付けさせることが必要です。それぞれのキャリアに応じて身に付けさせる力を見極めることが大切ですよ。
やりとり3	【状況】……キャリアステージに応じた働きかけを価値づける ＴＬ：昨日の若年研修は楽しかった，勉強になったと初任者の先生が言っていましたよ。 ＭＬ：○○先生の描画指導のノウハウをみんなで共有し，充実した時間でした。○○先生自身も，後輩に伝わるように指導の仕方を考えるよい機会になったようです。 ＴＬ：初任者の先生に教えることで，5,6年目の先生たちにも力が付くでしょうね。 ＭＬ：この前言われた「キャリアに応じて育てる」という意味がよく分かりました。

第4章 20の行動様式をいかした人材育成

3　チェックリストを用いた人材育成に取り組んだ校長の振り返り

人材育成にチェックリストを活用することは有効ですか	1　2　**3**　4
※　活用への期待感……1：ぜんぜん　2：少し　3：まあまあ　4：とても	

　主幹教諭Ｆは最初，若年教員に対するOJTの必要性を感じていなかった。そのため，積極的に指導するというよりは相手が質問してきたら答えるという待ちの姿勢が多かった。また，若年研修を任せた当初は，講義形式で自分の学んできたことや考えを一方的に伝える姿が見られた。
　そこで，若年研修の場の運営について次のことに気を付けるよう指導した。
・どの教員に，どんな力を付けるのかを明らかにすること。
・各々の教員のキャリアステージや資質能力を見極めて，若年研修の一部を任せるなど，役割を与えること。
・役割を任せた教員の取組をさりげなく支援し，取り組んだ後には必ず褒めること。

　その結果，中堅教員に得意教科における実践を報告させたり，研究主任に若年研修の計画を立てさせたりするなど，「役割を与えることで育てる」という視点をもちながら，積極的にかかわる姿が見られるようになった。次第に多くの教員から頼られる存在となり，市内の教科等研究会での代表授業者や教育研究所の研究員からも相談を受けている。
　こうした変容は，チェックリストを活用して校長と主幹教諭Ｆで更に伸ばすべき行動様式を「チームの担い手を育てる」と設定し，取り組んだことから生まれたと考える。

4　チェックリストを用いた人材育成の対象となったミドルリーダーの振り返り

ミドルリーダーとして成長する方向性は具体的になりましたか	1　2　3　**4**
※　成長への期待感……1：ぜんぜん　2：少し　3：まあまあ　4：とても	

　本校に異動となり，二極化した年齢構成の中，多くの若年教員を育てることの必要性に迫られ，取組に難しさを感じることが多くあった。
　そのような折，校長から「それぞれのキャリアステージに応じて身に付けさせる力を見極める」という助言をいただいたことが，自分の考えを変えるよい機会となった。
　若年研修の企画，運営を任された頃は，初任者も5年目の教員も区別せずに捉えており，一人一人を育てる意識がなかった。しかし，今回の取組を通して，初任者の時期に身に付けさせなければならない資質や能力は何か，専門性が高まる5，6年目の時期に身に付けさせなければならない資質や能力は何かという考え方が必要であることを実感することができた。
　本校の一人一人が，今，どのキャリアステージにあるのかを見極め，校長，教頭の指導を受けながら，効果的に人材育成を行っていきたいと考える。

事例-7［小学校］
相手の状況に対応して的確に指導する主幹教諭へ

1 校長はどんな人材育成の見通しをもっていたのか

こんなミドルの現状があった

　主幹教諭Gは，教務担当経験2年目ながら，これまで研究主任や県教育センターでの長期研修等も経験し，教育課程経営のみならず，教科指導に関しても知識が豊富で，指導力も十分に有しています。しかしその分，他の教員に「これくらいはできるはず」といった意識をもってしまい，仕事を割り当てた後に「できるまで支援する」という意識が薄い面がありました。

こんな育成プランを考えていた

　もともと経験の少ない若年教諭と若年講師が多い教職員組織であった本校ですが，本年度，研究主任も新しく迎えることとなりました。ベテランも少ない中で，2・4・6年目という若い教員をリードする新任指導教諭（研究主任，30代）と連携しながら，主幹教諭Gのメンター的な部分を育てたいと考えました。

こんな行動様式を重視した

　若年教員が多数を占める本校は，教職員の意欲は高いものの，経験不足から解決の具体策をもつことができず，時間をかけても十分な成果が生みだせない状況がありました。そこで，校内研修の推進において，新研究主任が遂行すべき内容や取組状況を，PDCAの各場面で分析し，行動様式No.09「機会を捉えて指導・助言する」ことの大切さを伝えました。このことで，主幹教諭Gの役割意識を高めるとともに，メンバーの主体的な育ちも可能になると考えました。

2 校長はミドルリーダーとどんなやりとりをしたのか　　（TL：校長　ML：ミドルリーダー）

やりとり1	【状況】……研究推進計画に関して新研究主任とのかかわり方を指導する（P段階） TL：今年の研究推進計画は，どうなっていますか？ ML：基本的には昨年度からの継続なので，研究主任に任せていますが。 TL：そうですか。しかし，異動してきたばかりですから，これまでの研究の歩みから，ゴール像を明確にしたうえで，スモールステップを考えさせるようにしましょう。 ML：では，計画の作成に必要な資料の提示と，手順の説明をします。
やりとり2	【状況】……計画を立てる際の新研究主任とのかかわり方を評価する（P段階） TL：研究推進計画の提案の準備はできましたか？ ML：本年度の方向については，複数の選択肢を提示し，彼の思いも踏まえて，決定していきました。新しい考えも盛り込んだところです。 TL：それはよかった。そうしてもらえると，彼も自信がつくでしょうね。
やりとり3	【状況】……実践交流会に向けて，若年教員への指導を評価する（D段階） TL：11月の実践交流会に係る，提案授業者はどう考えていますか？ ML：若手を育てるよい機会になるので，研究主任には，若手に声を掛けるように伝えています。 TL：その後の指導についても，もっと見通しをもたせてあげてはどうですか？ ML：昨年の実践を踏まえて，改善できそうな点を伝えるようにします。乗り気になっているので，これを機会に自信がもてるように継続してかかわっていきます。

3　チェックリストを用いた人材育成に取り組んだ校長の振り返り

人材育成にチェックリストを活用することは有効ですか	1	2	3	**4**
※　活用への期待感……1：ぜんぜん　2：少し　3：まあまあ　4：とても					

　本校の主幹教諭Gは意欲も能力も高く，様々な面において積極的に行動する反面，他の教職員にも同様の行動や成果を望む傾向があった。本人も，「これくらいはできるはず」と考えるところがあり，新研究主任をはじめとする若年教員の成長や組織の機能化といった面からは課題となっていた。

　今回，「ミドルリーダーに求められる20の行動様式チェックリスト」を活用することで，主幹教諭Gに，ミドルリーダーとして教職員の育成にどうかかわるべきかを，校内研修推進におけるP，Dの段階において具体的に指導することができた。

　・課題解決に向けてスモールステップで考えさせる。
　・実行可能な解決策を選択させる
　・日常的な声掛けや称賛により，意欲を継続させる

等を校長個人の見解として示すだけではなく，若年教員の育成という観点から客観的な捉えとして主幹教諭Gに伝えることができ，「仕事を任せ，責任をもたせればよい」ではなく，「一緒に動く中で，適時指導・助言し，そのことで若手が成長していく」ことを見取り，喜びとすることができるようになった。主幹教諭Gも「かかわりながら育てる」ことの喜びを感じ取ったようであった。

4　チェックリストを用いた人材育成の対象となったミドルリーダーの振り返り

ミドルリーダーとして成長する方向性は具体的になりましたか	1	2	3	**4**
※　成長への期待感……1：ぜんぜん　2：少し　3：まあまあ　4：とても					

　私自身「仕事や責任が人を育てる」と教えられてきたことから，若年教員にも同様のことを求めてきたところがあった。しかし，今回の指導を受けて，「機会を捉えて指導・助言することの大切さとその具体的な言動」を改めて考えることができ，自分自身の行動に何が不足していたのか考え直すことができた。特に，具体的な提案を考える際のプロセスにかかわれば，若年教員も十分に具体的な計画を作成することができ，自信をもって実行できる。そして，このようなことの積み重ねが若年教員の成長につながり，組織全体の成長にもつながることが実感できた。

　今回の指導を受け，このように考えることができるようになった私自身も成長することができたように思う。これからも，教員個々の成長やモチベーションを高めることを意識しながら，機会を捉えた指導・助言を工夫していきたい。

事例−8 ［中学校］
モチベーションが高まる協働体制を構築する主幹教諭へ

1 校長はどんな人材育成の見通しをもっていたのか

【こんなミドルの現状があった】

主幹教諭Hは本校在籍2年目で，初めて教務を担当しています。学校の教育目標の具現化には強い意欲をもっていて，これまでの学年主任や研究主任の経験から課題解決のための具体的な方策やアイディアは豊富に有しています。しかし，教育課程管理の経験が少ないために，教職員が意欲的に課題解決に取り組めるよう配慮した教務運営をするには至っていません。

【こんな育成プランを考えていた】

学校経営を充実させるためにいかしたい教職員の強みを主幹教諭Hと率直に話し合う機会をもつことで，教職員の実態を多面的・多角的に分析する能力を高めたいと考えました。さらに，教職員の特性や校務分掌組織の強みをいかすだけでなく，弱さや負担を感じ取ることで，教職員が課題解決に意欲的に取り組める教務運営ができるようにしたいと考えました。

【こんな行動様式を重視した】

主幹教諭Hは，リーダー的な役割は十分に実践できているので，マネージャー的，メンター的な行動を獲得させることを意識しました。特に重視したのは行動様式No.15「負担感に気付く」です。教職員の強みをいかすだけでなく，相手の状況等に配慮した支援をすることで教職員のモチベーションが高まる協働体制の構築の具体を学ぶよい機会になると考えました。

2 校長はミドルリーダーとどんなやりとりをしたのか　　（TL：校長　ML：ミドルリーダー）

やりとり1	【状況】……小・中連携の新たな取組を進める際の配慮について助言する TL：6年生授業見学会，お疲れ様でした。次のステップはどんな連携を考えていますか？ ML：はい。小・中の指導の連続性を考えて，中学校区としての「学習面・生活面のきまり」を作成してはどうかと思うのですが。 TL：それはどの分掌を中心に取り組んでもらう予定ですか？ ML：校区の実態としては「生活面のきまり」の作成が急がれると思うので，生徒指導主事の○○先生に小学校との打合せを含めた計画を立ててもらおうと思います。 TL：小・中共通の「きまり」を作成することには私も賛成ですが，生徒指導主事の○○先生には，今月から「出前授業」を担当してもらっているのではないですか？よいアイディアですが，○○先生の負担にも十分に配慮してください。
やりとり2	【状況】……小学校への出前授業担当者を支援する具体について指導する TL：あの「きまり」の件はどうなりましたか？ ML：○○先生と話してみましたが，初めて小学校で授業をするので教材研究や児童への接し方など小・中学校の違いにかなり苦労をしているようです。 TL：そうですか。○○先生が一人で苦労している姿を見ると周りの先生方も申し訳なさや不安を感じてしまいます。H先生は前任校で「出前授業」の経験があるので，そのノウハウを○○先生にアドバイスして，助けてあげてほしいと思います。 ML：分かりました。相談には乗っていたのですが……。前任校の資料を○○先生に渡して参考にしてもらいます。「きまり」については生徒指導部中心の取組とはせず，夏休みにプロジェクトチームを立ち上げて学校全体で進めるようにします。

3 チェックリストを用いた人材育成に取り組んだ校長の振り返り

| 人材育成にチェックリストを活用することは有効ですか | 1 | 2 | 3 | **4** |
※　活用への期待感……1：ぜんぜん　2：少し　3：まあまあ　4：とても

　本校の重点課題を解決するためにはミドルリーダーを核とした組織的な取組が求められており，主幹教諭Hの更なる職能開発が不可欠である。
　そこで，チェックリストを活用しながら主幹教諭Hが分掌内の教職員の強みをいかし，弱みを克服する具体的な手立てを構想することができるようにした。また，今以上にカウンセリングマインドを発揮し，教職員に過度の負担感を抱かせないようにするために，20の行動様式を基に次のような指導・助言を行った。
・教職員の特性を理解し，十分に話し合って，新たな取組に対して納得してもらう。
・内面の不安や焦りを引き出すために積極的にコミュニケーションをとる。
・新たな取組を構想するときは，既存の取組を見直し，統合や廃止を検討する。
　その結果，職員室の内外で
・教職員一人一人の力量や抱えている仕事量を気遣う様子
・新たな手立てを打つ前には複数の教職員と相談する様子
などの主幹教諭Hの確かに変容した姿を目にすることができた。
　さらに，教職員からは「仕事がしやすくなった」「大変だが，やりがいがある」という声が聞かれるようになり，学校全体のモチベーションの高まりを実感した。

4 チェックリストを用いた人材育成の対象となったミドルリーダーの振り返り

| ミドルリーダーとして成長する方向性は具体的になりましたか | 1 | 2 | 3 | **4** |
※　成長への期待感……1：ぜんぜん　2：少し　3：まあまあ　4：とても

　私たち教職員は，生徒や保護者・地域の方々の願いや思いを実現するために学校の教育目標の具現化を目指すプロ集団であるべきだ。そう信じて職務に邁進してきた。しかし今回校長から指導を受け，学校を組織しているのは一人一人の人間であり，組織を機能させるためには一人一人のモチベーションが重要であると学ぶことができた。
　特に「人は命令では動かない，納得で動く」「個性や資質能力をいかすためにも相手の立場や状況をおもんぱかる」「人は聴いてもらうことで安心する」といったアドバイスをいただいたことは，今までの自分の振る舞いを見直すよい機会となった。
　これからも教職員が一丸となって理想のプロ集団へと高まるためにも指導していただいたことをいかして教務運営に取り組んでいきたい。

事例-9 ［中学校］
教職員に挑戦的目標を設定させる主幹教諭へ

1 校長はどんな人材育成の見通しをもっていたのか

こんなミドルの現状があった

主幹教諭 I は本校在籍5年目で，3年間教務を担当しています。ここ数年，教職員は前年度踏襲主義に陥り，目的意識をもって現状の改善や未来志向的な教育活動を展開できていない現状にあります。主幹教諭 I は学校を「何とかしたい」という強い意欲はありますが，教職員を巻き込むための具体的な方策を有していない状態です。

こんな育成プランを考えていた

主幹教諭 I に学校の中核教員として組織運営を行わせ，学校の教育目標の具現化を図っていきたいと考えました。そこで主幹教諭 I に、課題解決に当たっては，教職員が協働して実践できるよう中心的な役割を果たすように求めました。そして，自校の「課題解決」と教職員の「モチベーション」を重視したミドル・アップダウン・マネジメントを行う中でPDCAサイクルを回すように意識させました。

こんな行動様式を重視した

主幹教諭 I は，若年教員やベテラン教職員と頻繁にコミュニケーションをとることでメンター的及びリーダー的な機能は発揮しています。そこで，マネージャー的な機能を十分に発揮させる必要があると考え，行動様式 No.11「挑戦的な価値ある目標を設定する」ことを重視しました。

2 校長はミドルリーダーとどんなやりとりをしたのか　　(TL：校長　ML：ミドルリーダー)

やりとり1	【状況】……体育祭の提案一か月前 ＴＬ：最近，地域や保護者のクレームが多いですが，どう思いますか？ ＭＬ：地域や保護者の学校に対する理解が不十分だと思います。まずは学校を知ってもらうことが大切だと思います。そのために，今度の体育祭をうまく活用できないかと考えています。ただ，先生方が動いてくれるかどうか心配です。 ＴＬ：そうですね。そのためには，先生方に地域や保護者との連携に対する課題意識をもたせることです。そして，その課題解決に向けた学年の目標を自分たちで立てさせることです。そうすれば，先生方のモチベーションも高まり，積極的に取り組んでくれると思います。地域や保護者が楽しんで参加できるプログラムを体育祭に盛り込むことで目標を具体化できるようにしてみてはどうでしょうか？ ＭＬ：はい。一か月後，そのような体育祭の提案ができるように頑張ります。
やりとり2	【状況】……体育祭の提案後 ＴＬ：今回の体育祭の提案は地域を巻き込む新しい取組がありましたね。 ＭＬ：はい。先生方が地域や保護者とより連携を密にしていくことを目標に準備等に積極的に取り組んでいるようです。先生方には地域や保護者と一層つながっていくという「開かれた学校づくり」という視点から目標ができたようです。 ＴＬ：ただし，新しいものを取り入れるときには，先生方の負担感はつきものです。I 先生の方で各分掌の連携がスムーズに行われるように，調整してあげてくださいね。 ＭＬ：分かりました。しっかり相互の関連を把握し，それぞれの分掌のミドルリーダーを指導したり，援助したりしていきたいと思います。

3　チェックリストを用いた人材育成に取り組んだ校長の振り返り

人材育成にチェックリストを活用することは有効ですか	1 2 3 **4**
※　活用への期待感……1：ぜんぜん　2：少し　3：まあまあ　4：とても	

　本校の重点目標を達成するためにはミドルリーダーを核とした組織的な取組が求められており，全教職員を巻き込むことが重要となってくる。
　そこでチェックリストを活用し，主幹教諭Ｉに体育祭の提案において，教職員が「達成してみたい」と思う価値及び魅力ある挑戦的な目標を設定させることで，前年度踏襲主義からの脱却を図った。また，その目標を達成するためには，各分掌や各学年が協働することが不可欠だったので，主幹教諭Ｉには20の行動様式を基に次のような働きかけを行うよう指導・助言した。
・各学年の目標が，重点目標の達成に迫るためのものになっていること
・教職員のモチベーションを高める目標となっていること
・目標の達成とともに，その他の教育活動に波及効果があること
　主幹教諭Ｉの積極的な働きかけにより，今までどおりで問題ないという前年度踏襲主義であった教職員の動きが変わり，学校が活性化してきた。主幹教諭Ｉがミドルリーダーとして教職員に挑戦的目標を設定させたことで，学校に勢いが出てきた。

4　チェックリストを用いた人材育成の対象となったミドルリーダーの振り返り

ミドルリーダーとして成長する方向性は具体的になりましたか	1 2 3 **4**
※　成長への期待感……1：ぜんぜん　2：少し　3：まあまあ　4：とても	

　これまでは，運営委員会や職員会議等の提案の際，「昨年どおりになっています」というのが常であった。教職員も「今まで問題がなかったのだから，これまでどおりでよい」という思いが強かった。しかし，校長から指導・助言していただいて，生徒の実態や保護者・地域の思いや願いも年々変わり，教職員も入れ替わっているので，目的意識をもって現状の改善や未来志向的な教育活動を展開できるような提案をすべきだと思うようになった。
　また，各分掌や各学年にこれまで以上にかかわり，組織を把握していくことで，教職員への理解が深まり，分掌相互がスムーズに連携できるような指導や支援ができるようになった。具体的には各学年の学年主任や生徒指導主事，研究主任等の担当組織におけるキーパーソンに声を掛け，各ミドルリーダー間の連携を充実させるようにした。
　各組織の相互の関連を把握し，主任研修会等で成果を共有していったので，組織が活性化した手応えを感じている。今後もこのような行動を続けていきたいと思う。

事例−10［高等学校］
教科・学年・学系を超えた連携を図る主幹教諭へ

1　校長はどんな人材育成の見通しをもっていたのか

こんなミドルの現状があった

　主幹教諭Jは本校勤務が12年目になり，教育課題をよく理解しており，教職員との人間関係も良好です。しかし，本年度初めて進路指導担当主幹教諭となり，キャリア教育の充実という経営課題の解決に向けて何をすればよいのかを模索している状況でした。

こんな育成プランを考えていた

　キャリア教育の充実には，教科・学年・学系を超えた連携が不可欠です。そこで，昨年度作成した「学系・科目選択ガイドブック」の改善と活用を通して，教科・学年・学系をこえた協力体制の構築を考えさせ，全体を俯瞰して組織を動かすことに取り組ませたいと考えました。

こんな行動様式を重視した

　主幹教諭Jは，主幹教諭として進路指導を担当するのは初めてなので，行動様式No.05「課題を整理する」，No.10「取組の見直しを図る」及びNo.12「連携を俯瞰する」を重視して指導に当たることにしました。まずは，リーダー的，マネージャー的な行動様式を学んで教科・学年・学系間の連携を図ることが，ミドルリーダーとしての成長につながると考えたからです。

2　校長はミドルリーダーとどんなやりとりをしたのか　　（TL：校長　ML：ミドルリーダー）

やりとり1	【状況】……学系・科目選択指導における課題を確認する TL：昨年度の取組に対する生徒アンケートから，どんな課題が見えてきましたか？ ML：ガイドブックへの満足度・履修科目理解や科目の組合せに対する理解について普通科総合の普通系に進む生徒の評価が低かったことですね。 TL：教科主任や学年主任とも協力して，課題の要因を分析してみてください。 ML：はい。さっそく声を掛けてみたいと思います。
やりとり2	【状況】……「学系・科目選択ガイドブック」の改善と活用に関する打合せをする TL：「学系・科目選択ガイドブック」の改善について教科主任に示す基本方針を提案する準備は進んでいますか？ ML：はい。教務主任と打合せをして，昨年度の課題を踏まえた内容にしました。 TL：ありがとうございます。作成後の活用はどう考えていますか？ ML：第1学年主任と協議し，担任が生徒との面談（6月下旬）及び三者面談（7月下旬）で活用できるようにします。特に，第1学年及び本年度赴任の教職員に対しては，事前のガイダンスを丁寧にしたいと考えています。
やりとり3	【状況】……第1回学系・科目選択希望調査結果の報告を受ける TL：学系・科目選択希望調査の結果はどうでしたか？ ML：調査票への記入漏れや妥当でない科目選択がかなりありました。第1学年や本年度赴任の教職員との意思疎通が十分ではなかったことが原因だと考えます。 TL：そうですか。では，善後策をどう考えていますか？ ML：個々の生徒の選択状況を教務主任と精査し，問題点を第1学年の先生方と共有します。その情報は，三者面談や2学期の変更希望調査前の個人面談等にいかします。

3 チェックリストを用いた人材育成に取り組んだ校長の振り返り

人材育成にチェックリストを活用することは有効ですか　　1　2　3　**4**
※　活用への期待感……1：ぜんぜん　2：少し　3：まあまあ　4：とても

　主幹教諭Jは本校勤務が長く，教職員との人間関係づくりもできていたが，進路指導担当の主幹教諭としての力量は未知数だった。そのため，校長としてどんな人材育成のアプローチをしたらいいのかを考えていた。そのアプローチを具体化する上で，「ミドルリーダーに求められる20の行動様式チェックリスト」は大変参考になった。今回の取組では，行動様式No.05，No.10，No.12を重視することを主幹教諭Jと確認して指導に当たったが，次のような効果があったと考える。
・行動様式No.05，No.10，No.12を確認したことは，主幹教諭Jに他分掌の主任主事とどんな連携を図ればよいのかという見通しをもたせることになった。
・取組についての報告・連絡・相談を受ける中で，主幹教諭Jに対して具体化，焦点化された指導・助言をすることができたので，効率的な人材育成につながった。
　以上の人材育成のプロセスで，次のような主幹教諭Jの変容が見られた。
　昨年度の課題の分析に基づいた取組の見直しを，他分掌の主任主事に相談しながら具体化したり，連携の全体像の可視化と連携内容の適切な割り振りを考えたりして，関係する教職員に取組を徹底させようとしていた。
　つまり，主幹教諭Jの人材育成が，組織の活性化にもつながったということである。

4 チェックリストを用いた人材育成の対象となったミドルリーダーの振り返り

ミドルリーダーとして成長する方向性は具体的になりましたか　　1　2　3　**4**
※　成長への期待感……1：ぜんぜん　2：少し　3：まあまあ　4：とても

　本年度から進路指導担当の主幹教諭になったが，昨年度は長期研修で現場を離れていたこともあって，「自分に何ができるのか」という不安が大きかった。特に，「学系・科目選択ガイドブック」の改善と活用は，本年度の重点課題にも挙がっていたので大きな責任を感じていた。そういう状況の中で，行動様式No.05，No.10，No.12に関する指導を受けたことはとても勉強になり，どんな視点で先生方に働きかけていけばよいのかという見通しをもつことができた。

　今後は，メンター的な機能に関する行動様式についても自ら学び，教職員が連携して重点目標の達成や重点課題の解決に取り組んでいく，学校のチーム化に貢献していきたい。

おわりに

　中央教育審議会は，平成27年12月21日に「チームとしての学校の在り方と今後の改善方策について（答申）」を取りまとめました。その中で，専門性に基づくチーム体制の構築に関して，「学校が複雑化・多様化した課題を解決し，新しい時代に求められる資質・能力を子供に育んでいくためには，校長のリーダーシップの下，教員がチームとして取り組むことができるような体制を整えることが第一に求められる。」と述べています。このことは，学校経営の充実と向上を図る上で，チームとして機能する学校像を明確にすること。そして，チームとしての学校を作り上げていく過程におけるミドルリーダーの現実的で具体的な働きを明らかにすることの重要性を指摘していると捉えることができます。

　本研究では，教職員がもっている自律性に着目して，目的共有，相互作用，価値創造の面から学校がチームとして機能する姿を明らかにしました。目的共有，相互作用，価値創造は，県下の優れたミドルリーダーが実践しているミドル・アップダウン・マネジメントから帰納的に導き出したものです。彼らは，いかにすれば校長の経営ビジョンを実現できるかを第一に考えていました。そして，教職員のモチベーションを大事にしながら，リーダーとして，マネージャーとして，メンターとしての動きを意識していました。その動きをまとめたものが，「ミドルリーダーの20の行動様式」です。20の行動様式の内容は，どの学校でも実践することができるように一般化を図りましたが，「このとおりに実践すれば，必ず目的共有，相互作用，価値創造が実現する」というハウツー的なものとして提案するものではありません。20の行動様式を視座としながら，自校のミドル・アップダウン・マネジメントを見直して，「学校のチーム化」を目指していただくことに意義があると考えています。

　今，学校を取り巻く環境の変化に的確に対応することは，ますます困難になってきています。そういう状況の中で，ミドルリーダーとして真摯に教育活動に取り組んでおられる先生方や近い将来にミドルリーダーとなる先生方，そして，本県の喫緊の課題となっている人材育成に取り組んでおられる管理職の先生方には，本書を活用していただき，教職員が誇りと自信をもって生き生きと教育活動に励む「学校のチーム化」が実現することを願っています。

　なお，本書を発刊するに当たり，福岡県内の小学校・中学校・高等学校・特別支援学校に調査を依頼しました。調査に御協力いただいた校長先生をはじめ教職員の皆様並びにご指導いただいた関係諸氏に衷心より感謝申し上げます。

平成28年3月

編集委員一同

学校変革の決め手　学校のチーム化を目指すミドルリーダー20の行動様式

平成28年7月15日　第1刷発行

編集　福岡県教育センター

発行　株式会社ぎょうせい
　　　〒136-8575　東京都江東区新木場1-18-11
　　　電話番号　編集　03-6892-6508
　　　　　　　　営業　03-6892-6666
　　　フリーコール　0120-953-431
　　　URL http://gyosei.jp

〈検印省略〉

印刷　ぎょうせいデジタル株式会社
乱丁・落丁本は，送料小社負担にてお取り替えいたします。
©2016　Printed in Japan.　禁無断転載・複製
ISBN978-4-324-10140-7　(5108242-00-000)〔略号：学校変革の決め手〕